Die Gruppe 47

rowohlts monographien
begründet von Kurt Kusenberg
herausgegeben von Wolfgang Müller
und Uwe Naumann

Die Gruppe 47

Dargestellt von Heinz Ludwig Arnold

Rowohlt Taschenbuch Verlag

Umschlagvorderseite: Die Gruppe 47 im Mai 1955 in Berlin:
sitzend: Heinrich Böll, Hans Werner Richter, Wolfgang Hildesheimer,
Martin Walser, Milo Dor; stehend: Ingeborg Bachmann, Ilse Aichinger,
Christopher Holme, Christopher Sykes (v. l.)
Umschlagrückseite: Reinhard Federmann, Milo Dor, Ingeborg Bachmann
und Paul Celan bei der Niendorfer Tagung, 1952
Der Tagungsort der Gruppe 47 im Oktober 1967

Seite 3: Beim Stimmenauszählen für den Preis der Gruppe 47
1967 in der «Pulvermühle»: Wolfgang Hildesheimer, Hans Werner
Richter und Alexander Kluge (v. l.)

Originalausgabe
Veröffentlicht im Rowohlt Taschenbuch Verlag,
Reinbek bei Hamburg, November 2004
Copyright © 2004 by Rowohlt Verlag GmbH,
Reinbek bei Hamburg
Umschlaggestaltung any.way, Hamburg,
nach einem Entwurf von Ivar Bläsi
Reihentypographie Daniel Sauthoff
Redaktionsassistenz Katrin Finkemeier
Layout Gabriele Boekholt
Satz PE Proforma *und* Foundry Sans *PostScript,*
QuarkXPress 4.11
Gesamtherstellung Clausen & Bosse, Leck
Printed in Germany
ISBN *3 499 50667 x*

INHALT

Der weite Blick zurück	7
Die Gruppe 47 entsteht	17
Vorspiel auf publizistischer Bühne: «Der Ruf»	17
Eine Art Redaktionssitzung am Bannwaldsee	31
Probelauf einer Zeitschrift: «Der Skorpion»	43
Alfred Anderschs poetologischer Entwurf	46
Hans Werner Richter: Beschaffenheit eines Chefs	52
Die Gruppe 47 etabliert sich	55
Realismusdebatten	55
Der Preis der Gruppe 47	59
Kritik in der Gruppe 47	64
Literarischer Paradigmenwechsel: Aichinger, Bachmann – Celan	72
Arrièregarde-Scharmützel	78
Die Gruppe 47 verändert sich	84
Umbruchsignale	84
Von der Kritikwerkstatt zur Literaturbörse	93
Das Ende der Kumpanei	100
Politische Ausflüge	107
Der große Erfolg und das Ende der Gruppe 47	111
Walsers Schuss in Richters Rücken: «Sozialisieren wir die Gruppe 47!»	111
Politische und literarische Polarisierungen	118
Letzte Gefechte	126
Anmerkungen	133
Tagungen und Preisträger der Gruppe 47	143
Die wichtigsten Autoren und Kritiker der Gruppe 47	145
Zeugnisse	149
Bibliographie	153
Namenregister	156
Über den Autor	160
Quellennachweis der Abbildungen	160

Hans Werner Richter, 1947

Der weite Blick zurück

Ich muß ein wenig ausholen: Das war im Frühjahr 1955, ich war damals Schüler bei Karl Hartung am Steinplatz an der Hochschule für Bildende Künste, also Bildhauer und Grafiker, und kannte eigentlich nur Bildhauer und Grafiker, schrieb aber schon Gedichte. Und diese Gedichte haben meine Frau und meine Schwester eingereicht für einen Wettbewerb des Süddeutschen Rundfunks, und ich bekam den dritten Preis. Das war mein erster Flug, von Berlin nach Stuttgart und zurück. Wieder in Berlin, wir lebten damals in einer Kellerwohnung in der Königsallee, fand ich dort ein Telegramm vor: «Gruppe 47 tagt. Haus Rupenhorn. Bitte kommen. Manuskript mitbringen.»

Ich bin da hingefahren, die machten gerade eine Kaffeepause. Da kam eine Kellnerin auf mich zu und sagte: «Sind Sie auch Dichter?» Ich sagte: «Ja.» Dann bekam ich auch Streuselkuchen und Kaffee. Und dann kam der Richter auf mich zu und sagte: «Sind Sie der, der mir empfohlen wurde? Wie war nochmal der Name?» Ja, dann war ich in diesem Kreis. Jemand las etwas vor. Das fand ich literarisch ganz interessant. Und dann fielen sie über ihn her, und es blieb wenig übrig. Und dann las eine Frau, die kannte ich, erstens kannte ich Texte von ihr, und ihr Ansehen war mir auch vertraut durch damals schon eine Titelnummer des «Spiegel» – es war Ingeborg Bachmann. Die hatte Mühe mit dem Manuskript, immer fielen ihr die Haare vor die Augen, und sie war kurz vorm Weinen. Und ich dachte, das ist ein wichtiger Impuls, wenn sie die auch so zerreißen, dann meldest du dich zu Wort, aber die wurde nicht zerrissen, es ging immer mehr so: «Also, Ingeborg Bachmann hat sich verändert gegenüber der letzten Lesung.» «Nein, die ist sich treu geblieben.» Es ging so hin und her, und es kam so ein Ritual der Kritik hinein.

Ich hörte zum ersten Mal den mit mir gleichaltrigen Jungen – ich war 27 Jahre alt – Joachim Kaiser sprechen, erstarrte vor Bewunderung, wie jemand so fließend, und die Zitate kamen ihm, und so eloquent reden konnte, etwas ostpreußisch, was wieder anheimelte. Und dann kam ich ran und war danach umringt von Verlegern, die flüsterten so Wunderworte wie «Fischer Verlag» und «Suhrkamp Verlag», und ich dachte, jetzt bricht das Goldene Zeitalter an. Aber ich war auch mißtrauisch.

Als ich dann von der Tagung weg wollte, stand draußen jemand, der sich ein Taxi gerufen hatte, und sagte: «Wo wollen Sie hin?» Und als wir dann losfuhren, sagte er: «Höllerer mein Name. Ich würde einige von den Gedichten drucken.» Ich dachte mir: Rede du mal. Der war der einzige. Von den anderen Verlagen habe ich lange nichts mehr gehört, bis dann der Luchterhand-Verlag kam. Und ein Jahr später kam dann mein erster Gedichtband. Aber die wirklich literarische erste Adresse war für mich Walter Höllerer.[1]

Das, wovon Günter Grass hier so erinnerungsselig erzählt, war sein erster Besuch bei der Gruppe 47, jener legendären Schriftstellergruppe, die 1947 entstand und zwanzig Jahre später, 1967, aufhörte zu existieren, ohne freilich je ganz zu verschwinden aus der deutschen Literatur. Diese Gruppe 47 hat in der deutschen Literatur der zweiten Hälfte des 20. Jahrhunderts eine deutliche Spur markiert: Einige Jahrzehnte lang und bis ins neue Jahrhundert hinein bestimmten Kritiker wie Hans Mayer, Marcel Reich-Ranicki und Joachim Kaiser, Reinhard Baumgart und Walter Jens, Fritz J. Raddatz und Hellmuth Karasek und noch in den 1980er Jahren Helmut Heißenbüttel und Walter Höllerer die literarischen Debatten der Republik entscheidend mit, und um zentrale Autoren der Gruppe 47 wurden noch immer die spektakulärsten Schlachten im deutschen Feuilleton- und Literaturbetrieb geschlagen: um Günter Grass und Martin Walser, um Hans Magnus Enzensberger und Peter Rühmkorf. Auch Siegfried Lenz, Dieter Wellershoff, Gabriele Wohmann, Peter Härtling, Jürgen Becker, Peter Handke, Peter Bichsel, Günter Kunert, F. C. Delius, Carl Amery, Ingrid Bachér, Ernst Augustin haben mit vielen anderen, die zur Gruppe 47 gerechnet werden, die deutsche literarische Landschaft auffällig geprägt, sodass noch in den achtziger Jahren jüngere Schriftsteller über die Rolle der Gruppe 47 klagten: Der Nimbus der Gruppenzugehörigkeit überstrahle unverdientermaßen vieles, was sie lange nach dem Vergehen der Gruppe geschrieben hätten. Und wie eine Bestätigung dessen liest sich, was Hans Magnus Enzensberger 1989 in einem Rundschlag gegen die Lyrik der achtziger Jahre schrieb: «Doch selbst die bescheidene deutsche Nachkriegsliteratur kommt einem, gemessen an dem, was heute der Fall ist, geradezu glanzvoll vor: Eich und Bachmann, Bobrowski und Celan, Rühmkorf und Jandl ...»[2] Das waren, mit Ausnahme Ernst Jandls, allesamt Autoren, die bei Tagungen der Gruppe 47 gelesen hatten. Und am letzten Tag der alten Bundesrepublik, am 2. Oktober 1990, stand unter einem groß aufgemachten Bild in der «Frankfurter Allgemeinen Zeitung», das die Gruppe 47 bei einer Tagung in Berlin zeigte, der Satz: «Bis zuletzt und ungeachtet aller Veränderungen wurzelte die Identität des Landes in den Texten des Jahres 1960.»

Es war das Jahr, in dem die von der Gruppe 47 beförderte neue deutsche Literatur in Deutschland wirklich angekommen war: mit Heinrich Bölls Erzählungen und Romanen, mit Günter Grass' *Blechtrommel*, Martin Walsers *Halbzeit*, Uwe Johnsons *Mutmassungen über Jakob*, mit Ingeborg Bachmanns und Hans Magnus Enzensbergers Gedichten. ‹Außerdem›[3] waren da natürlich auch die Bücher Arno Schmidts und Wolfgang Koeppens, Hans Erich Nossacks und Marie Luise Kaschnitz', um nur die Bekanntesten zu nennen von jenen vielen, die nicht zur Gruppe 47 gehörten und gleichwohl das Bild der jungen deutschen Literatur mitgeprägt haben; aber selbst die Kaschnitz und Koeppen hatten Berührungen mit der Gruppe, und Arno Schmidt hatte damals noch nicht jene öffentlich wirkende Statur, die bald so wuchs wie später das Format seiner Bücher.

Freilich hat die Literatur der Gruppe 47 erst in der Mitte der 1960er Jahre jene traditionelle Literatur ganz verdrängt, die noch bis zur Mitte der 1950er Jahre das literarische Feld beherrschte: die Erzählungen, Romane und Gedichte von Werner Bergengruen und Georg Britting, Rudolf Alexander Schröder und Ina Seidel, Friedrich Georg Jünger und Wilhelm Lehmann, Reinhold Schneider und Hermann Kasack, um auch hier nur ein paar Beispiele zu geben. Aber man dürfe, so der Schriftsteller Hermann Kinder, die Gruppe 47 weder zu einer Größe der 1950er Jahre verkleinern noch sie «zum alles Andere niederdrückenden A und O jedweder Literatur seit 1945 hochjubeln»[4]. Immerhin verweist Kinder auch darauf, dass mit dem Erfolg der edition suhrkamp Mitte der 1960er Jahre «sich gegenüber den heterogenen Strömungen der Fünfziger eine mit der Gruppe 47 verbundene zeitgemäße westdeutsche Kultur durchzusetzen beginnt. Und was für eine Revolution, als erstmals noch zaghaft Mitte der Sechziger auch im germanistischen Studium Namen wie Grass, Walser, Bichsel fielen. Jetzt ist die Allpräsenz der Gruppe 47 wirklich erreicht.»[5]

Auf andere Weise hat Hermann Kinder auch die Essenz der FAZ-Bildlegende von 1990 formuliert, als er 1992 auf den Vorwurf antwortete, die Literatur der 1980er Jahre sei zusammenhanglos, disparat und gebe kein prägendes Bild ab – und er hat damit die kulturgeschichtlichen und gesellschaftlichen Gründe benannt, aus denen die Gruppe 47 entstanden ist und mit denen sie bedeutend werden konnte: Die Literatur der Gruppe 47 habe «Bedingungen der Homogenität gehabt, die historisch nicht wiederholbar sind: die feste Einbindung der Literatur in den Meinungsbildungsprozeß und einen oppositionellen Konsens, der sich aus der Ablehnung obsoleter Mentalitäten, insbesondere der mangelnden Überwindung des faschistischen Erbes ergab»[6].

Die Meinungen über die Gruppe 47 unter den jüngeren, also den Nicht-Gruppe-Autoren sind selbst ziemlich disparat[7] und reichen von Zustimmung zu ihrer historischen Rolle über die skeptische Analyse ihrer Entwicklung bis zur vehementen Ablehnung. So nannte zum Beispiel Elfriede Jelinek aus großer Distanz und innigstem Hass die Gruppe eine «Sadistenvereinigung, an der ich nicht einmal unter Todesdrohung teilgenommen hätte»; Hanns-Josef Ortheil rechnete die Gruppe zur «Steinzeit der Nachkriegsliteratur»; und Maxim Biller schrieb: «Die Gruppe 47 war ein Kleinbürger-Stammtisch, eine Art entnazifizierte Reichsschrifttumskammer, eine Vereinigung ehemaliger Nazi-Soldaten und HJler, von denen kein einziger Kraft gehabt hatte, zuzugeben, daß er für Hitler getötet und oder zumindest gehaßt hat. Diese Söhne waren genauso verlogen, apodiktisch und kleinbürgerlich-ängstlich wie ihre Väter, und sie sprachen über Literatur wie jene über das Wirtschaftswunder: stolz, ironielos und ohne Selbstzweifel.»[8]

Billers Urteil scheint mir ebenso zutreffend wie gleichermaßen stolz, ironielos und ohne Selbstzweifel gesprochen. Vor allem aber ist es ein Urteil aus unendlicher Distanz, unberührt vom Geruch der fünfziger und sechziger Jahre, aber genährt vom Wissen späterer Zeit: Denn natürlich hatten die Schriftsteller, die sich 1947 in der Gruppe 47 zusammenfanden, eine Vergangenheit innerhalb des «Dritten Reichs». Die meisten waren unter Hitlers Befehl in den Krieg gezogen, davon handelten dann auch viele ihrer Bücher. Und einige hatten damals bereits geschrieben, meist belanglose Texte, aber sie hatten geschrieben, mit und ohne Erlaubnis der Reichsschrifttumskammer. Die meisten Mitglieder der jungen Gruppe jedoch, darauf hat Hans Werner Richter immer bestanden, waren literarische Anfänger. Insofern trifft das Urteil Billers nicht nur auf die Autoren der Gruppe 47 zu, sondern auf die gesamte deutsche Nachkriegsgesellschaft.

Und wie auf die Biographien anderer, die im «Dritten Reich» gelebt und gearbeitet hatten, fielen auch auf die Biographien von Mitgliedern der Gruppe 47 erst nach vielen Jahren, als die Gruppe 47 längst Geschichte war, Schatten. Aber es waren nur wenige: So hatte, um nur drei prominente Beispiele aus der ersten Generation der Gruppe 47 zu nennen, Günter Eich, dessen Aufnahmeantrag vom 1. Mai 1933 von der NSDAP nicht angenommen wurde, seit 1933 in den unterschiedlichsten Medien des nationalsozialistischen Staates, vor allem im Rundfunk, gearbeitet und sich 1940 mit dem Hörspiel *Die Rebellion in der Goldstadt* an der von Goebbels geforderten Anti-England-Kampagne beteiligt[9]; Alfred Andersch hatte sich bei der Reichsschrifttumskammer angebiedert, indem er ihr die Scheidung von seiner jüdischen Frau, von der er freilich schon länger getrennt war, mitteilte[10]; und auch Wolfgang Weyrauch hatte kurz vor der Kapitulation in «Das Reich» mit Hilfe von Hölderlin-Gedichten «den Kampfgeist und den Durchhaltewillen seiner Leser» angestachelt.[11] Das sind Ausnahmen.

Erst spät kam in den Blick, dass sich die Autoren der Gruppe zwar viel mit Krieg und Nachkriegszeit beschäftigt hatten, sie in ihrer Literatur und Publizistik die Vernichtung der europäischen Juden durch die Deutschen aber nahezu nicht wahrgenommen haben. Auch hatten sie ihre eigene Rolle in Krieg und «Drittem Reich» nie konsequent problematisiert. So trennte Alfred Andersch in der ersten Nummer der Zeitschrift *Der Ruf. Unabhängige Blätter der jungen Generation* die (eigene) Leistung der jungen Soldaten scharf von den Verbrechen jener, die in Nürnberg vor Gericht standen: *Die erstaunlichen Waffentaten junger Deutscher in diesem Kriege und die ‹Taten› etwas älterer Deutscher, die gegenwärtig in Nürnberg verhandelt werden, stehen in keinem Zusammenhang. Die Kämpfer von Stalingrad, El Alamein und Cassino, denen auch von ihren Gegnern jede Achtung entgegengebracht wurde, sind unschuldig an den Verbrechen von Dachau und Buchenwald. Die Distanz, welche die ehemaligen Soldaten von den Verfluchten, die sie begingen, trennt, ist so groß, daß sie die Täter nicht einmal wegen des reinen Tatbestandes hassen können. [...] Todeswürdige Verbrecher löscht man aus, man haßt sie nicht.*[12] Anderschs Differenzierung war auch ein Reflex gegen die damals noch virulente Zuweisung einer kollektiven Schuld aller Deutschen an den unter den Nationalsozialisten im Namen Deutschlands begangenen Verbrechen. Dass unter dem Schutz der Wehrmacht im von ihr eroberten Gebiet die Kader der Nazis ihr mörderisches Handwerk betreiben konnten, geriet noch nicht in den Blick.

Diese ‹jungen› Soldaten wollten mit diesen Verbrechen nichts zu tun haben, sie hatten ja unmittelbar wohl auch nichts damit zu tun. Einige, wie Gunter Groll, waren ausdrückliche Gegner des Regimes, andere, wie Andersch, waren desertiert, und vor allem: Sie wollten gegen die Erfahrungen der Diktatur etwas anderes, Neues setzen und bauen. Sie alle, deren Alter von 36, wie Hans Werner Richter, und 30, wie Alfred Andersch, bis 26, wie Wolfdietrich Schnurre, reichte, empfanden sich als Opfer des «Dritten Reichs», die dem Terror der Nazis und dem Kriege entkommen waren, und unabhängig vom Alter definierten sie sich als Angehörige einer neuen, einer ‹jungen Generation›, die das Alte mit einem ‹Kahlschlag› ausrotten und an einem ‹Nullpunkt› beginnen wollte. Sie dachten gar nicht daran, die alten, in Deutschland gebliebenen Autoren zu sich zu holen, zumal diese ein recht ungebrochenes Verhältnis zur Vergangenheit hatten, von der sie selbst sich ja lossagten. Das problematische Verhältnis der Gruppe zu den zurückkehrenden Emigranten, das inzwischen mit Gründen auch ressentimentgeladen genannt wird, war freilich eher blind als sehenden Auges abweisend, auch wenn es Äußerungen von einigen Mitgliedern der Gruppe gibt, die auf eine bewusste Abgrenzung schließen lassen[13]; denn auch die Emigranten hatten eine andere Vergangenheit, und die meisten von ihnen waren viel älter als sie (Hermann Kesten war 46, Walter Mehring war 50, und beide haben ja in der Gruppe gelesen); vor allem aber waren sie schon bekannt, ja prominent. Und das wollten die Jungen erst werden. Immerhin: Aus deren anderer Vergangenheit hätten die Autoren der Gruppe 47 durchaus lernen können.

Aber ich meine dennoch, das restriktive Verhältnis der Gruppe zu den Emigranten war keine prinzipielle Entscheidung, son-

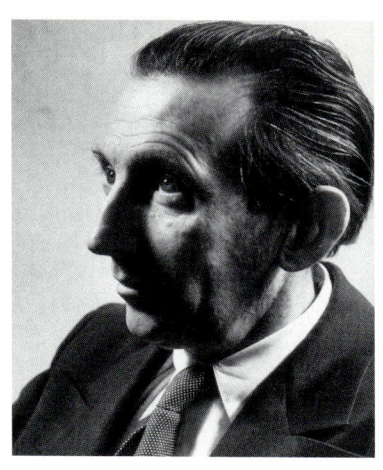

Walter Mehring, 1956

dern entwickelte sich erst mit der Zeit: Einige Emigranten wurden ja auch eingeladen, lasen mit mehr und mit weniger Erfolg, andere, wie Robert Neumann, kritisierten die Gruppe später, als sie erfolgreich war, heftig, das Verhältnis Richters zu Hermann Kesten verwandelte sich aus einer freundschaftlichen zu einer eher feindseligen Beziehung[14], und die misslungene Lesung Paul Celans

Hermann Kesten

1952 in Niendorf hatte wieder ihre eigenen Bedingungen. Es gab in dieser Hinsicht kein Gesetz, auch wenn sich ex post, da nun die Korrespondenzen offen liegen und die Forscher gern Zusammenhänge (de)konstruieren, Vergangenheitsbilder herstellen lassen, die geschlossen und überzeugend und dennoch schief, wenn nicht falsch sein können, weil sie die Komponenten zeitbedingter Erkenntnis(un)fähigkeit ebenso ausschließen wie jene menschlichen Fehlens.[15] Vor allem darf man, bezogen auf die Gruppe 47, nicht von der falschen Einschätzung ausgehen, Schriftsteller seien prinzipiell die besseren Menschen.

Man kann der Gruppe 47 nachträglich vieles vorwerfen, und vornehmlich Hans Werner Richter, der ja die Gruppe jeweils konstituierte, weil er für die Einladungen verantwortlich war. All diese Vorwürfe sind verständlich, ja sogar berechtigt – und treffen doch nicht ins Zentrum des Problems Gruppe 47, die ja vor allem ein Kind ihrer Zeit, der Nachkriegszeit war: belastet noch mit ganz anderen Fragen als diesen, auf die es damals schon deshalb noch keine Antworten gab, weil nicht einmal die Fragen dafür gefunden waren. Diese jungen Schriftsteller fühlten sich, ob zu Recht oder Unrecht, versehrt von einer Gesellschaft, der sie doch entstammten; und sie waren beseelt vom Wunsch, sich in eine unbelastete Zukunft hineinzuentwickeln – weshalb das Schlagwort vom ‹Nullpunkt› nicht so sehr eine Beschreibung der Lage als ein Wunsch gewesen ist, verbunden immerhin mit der Verpflichtung, zu einer Zukunft beizutragen, die sich ihrer historischen Schuld zu stellen hätte.

Denn solcher Selbsttäuschung, so es eine war, erlag damals die ganz große Mehrheit der deutschen Gesellschaft. Und es ist überaus fragwürdig, wenn man nun, aus dem Rückblick so ferner Zeit, jene, die sich damals aus guten Gründen als Opfer empfanden, zu Tätern macht; das ist, angesichts der unterschiedlichen möglichen Argumente für und wider solche Perspektiven, allzu schlicht. Und auch wenn vieles an der Gruppe damals ihrer Zeit entsprach – die Gruppe 47 war dennoch mehr, anders, neu. Gerade weil sie trotz aller zeitverhafteten, ressentimentgeladenen, vorurteilsbehafteten Fragwürdigkeiten, die mit ihr und ihren Mitgliedern auch verbunden werden, so nachhaltig erfolgreich war, wird sie heute von einigen Nachgeborenen in die strenge Pflicht ihrer nachfragenden Gründlichkeit genommen: ebenso zeitverhaftet, ebenso ressentimentgeladen, ebenso vorurteilsbehaftet, nur viel intelligenter, methodisch geschulter, argumentativ versierter. Aber auch wahrer?

*

Die Gruppe 47 ist ohne Verlust auf keinen Begriff und schon gar nicht ohne falschen Zugewinn in ein System zu bringen. Bereits 1977 sagte Helmut Heißenbüttel in einem Gespräch mit mir und meinen Studenten, mit denen ich damals das erste Buch über die Gruppe 47 erarbeitete: *Was Sie jetzt tun, ist natürlich ganz typisch, Sie systematisieren es, und wenn Sie es systematisieren, kann man nichts dagegen sagen. Nur: Es stimmt nicht.*[16]

Dieser Widerspruch steckt tatsächlich in jedem Versuch, dem Phänomen Gruppe 47 oder einem ihrer Aspekte auf die Spur zu kommen, und noch verstärkt in den Elogen auf und in den Polemiken gegen die Gruppe. Denn vor allem anderen fehlt doch den meisten Beschreibungen entscheidend eines: die grundlegende Legitimation durch Authentizität. Mehr als alle nachträglich fixierbaren Fakten und Daten nämlich war für die Verläufe der Gruppentagungen und besonders der Gruppenkritik die Atmosphäre der Tagungen entscheidend, deutlich sich wandelnd in den zwanzig Jahren von 1947 bis 1967: geprägt von Zahl und Zusammensetzung der Teilnehmer, unterminiert von ihren Freundschaften und Feindschaften, eingefärbt von der politischen ebenso wie von der Wetterlage, veränderlich aber auch zwischen Morgen und Abend der Tagungen, abhängig von Tagungsort und Alkoholkonsum – und vor allem bestimmt von den vorgelesenen Texten, ihrem Gemisch, ihrer Aufeinanderfolge, der Vortragsart ihrer Verfasser und, natürlich, der kritischen Qualität. Über authentische Anschauung verfügt keiner, der nicht dabei war; und wer dabei war, berichtet als Betroffener und als Einzelner: subjektiv und segmentiert.

Die Gruppe 47 war für jeden, der an ihr mitgewirkt hat, etwas anderes, jeweils von seiner Person her gesehen oder aus seiner je anderen Zeit. Und so kann eine Geschichte der Gruppe 47 auch nur in Annäherungen gelingen, als Erzählung von Erinnerungen anderer. Ein Motto solch fragmentarischen Erinnerns könnte sein, was Hans Werner Richter einmal zu Barbara König gesagt hat: *Du wirst es nicht für möglich halten, wie sich ein Gegenstand allein durch die Darstellung verändert. Auch wenn alles stimmt, was da berichtet wird, ganz stimmt es dann doch wieder nicht. In fünfzig Jahren wird kein Mensch mehr eine Ahnung haben, was die Gruppe 47 wirklich war.*[17]

Zu solcher Unschärfe hat Hans Werner Richter selbst viel beigetragen mit allem, was er in seinem Leben über die Gruppe gesagt und geschrieben hat. Auch er – wer, wenn nicht er? – war Betroffener: ein Meister der Feste und der Freundschaften – und ihrer Arrangements. *Der kann mit jedem*, sagte mir Walter Kolbenhoff in einem Gespräch – aber eben auch nur, wenn er wollte. Ein von allen in der Gruppe respektierter Bändiger der unterschiedlichsten Temperamente konnte Richter vor allem auch deshalb sein, weil er als Schriftsteller kein Konkurrent war. Und auch als Kritiker nicht. Sein literarischer Horizont war eher begrenzt auf ein Realismusprogramm, wie es in den ersten Jahren auf die in der Gruppe gelesene Literatur passte. Und dass er kein Meisterkritiker war, konnte er als meist moderater Moderator am ehesten überspielen – der scharfsinnige und scharfzüngige Intellektuelle Alfred Andersch hätte die Gruppe nie so lange dirigieren können. Das konnte nur Richter, gerade weil er ein Meister der Unschärfe war und manch menschliche Schwächen zuließ, auch die eigenen, und der Informationen über die Gruppe gern vage hielt – und vage auch in seinen Beschreibungen der Gruppe und ihrer Mitglieder immer geblieben ist. Was denen, die der Gruppe wirklich auf die Spur kommen wollen, die Arbeit so schwer und das nachträgliche Erfinden ihrer angeblichen Strategien so leicht macht, weil das Denken ex post immer dann, wenn es am wenigsten weiß, sich das meiste passend zu machen geneigt ist.

Die Gruppe 47 entsteht

Vorspiel auf publizistischer Bühne: «Der Ruf»

Für manche beginnt die Geschichte der Gruppe 47 nicht erst im September 1947 am Bannwaldsee in Füssen/Oberbayern, sondern bereits im Frühjahr 1945 im amerikanischen Kriegsgefangenenlager Fort Philip Kearney (Rhode Island). Dort erschien am 1. März 1945: *Der Ruf. Zeitung der deutschen Kriegsgefangenen in USA*; Herausgeber war Curt Vinz, der vor dem Krieg Verlagsvertreter bei Eugen Diederichs gewesen war, und Chefredakteur war ab Nr. 2 Gustav René Hocke, ehemals Journalist der «Kölnischen Zeitung».[18] Der Kriegsgefangenen-*Ruf* wurde in allen Lagern verteilt und hatte eine Auflage von anfangs 10000 bis am Ende 75000 Exemplaren. Nach der Kapitulation stellten die Amerikaner die Zeitung ganz in den Dienst ihres «re-education»-Programms – in der «Schlussausgabe» vom 1. April 1946, der 26. Nummer, reklamierte der Kriegsgefangenen-*Ruf* unter der Überschrift *Ein Weg zu Recht und Vernunft* noch einmal seine Aufgabe: *Sein eigentliches Ziel war die Wiedererweckung echten demokratischen Denkens in den deutschen Kriegsgefangenen, um Kräfte für den Wiederaufbau einer dauerhaften deutschen Demokratie nach der Niederlage des Nationalsozialismus zu sammeln. Die demokratischen Grundsätze und konstitutionellen Einrichtungen Amerikas boten, vor allem in ihrer historischen Entwicklung, Möglichkeiten des Vergleichs und anregende staatstheoretische Ideen.*[19]

Im April 1945 wurde Alfred Andersch aus dem Lager Ruston (Louisiana) nach Fort Kearney beordert, um die literarischen Artikel im *Ruf* zu betreuen. Im Oktober, als Andersch nach Deutschland entlassen wurde und Fort Kearney verließ, kam Hans Werner Richter dorthin und arbeitete bis März 1946 am Kriegsgefangenen-*Ruf* mit; im April wurde auch Richter nach Deutschland entlassen.

Alfred Andersch und Hans Werner Richter wurden die wichtigsten Protagonisten in der Initiationsgeschichte der Gruppe 47, die eine Geschichte ist vom Scheitern ihrer engagierten politischen Herausgeberschaft an einem neuen *Ruf*.

Alfred Andersch, am 4. Februar 1914 geboren, absolvierte nach der Volkshauptschule eine Verlagslehre. Nach dem Tod des Vaters, der 1923 an Hitlers Putsch teilgenommen hatte, engagierte er sich 1930 im Kommunistischen Jugendverband und wurde 1933 nach dem Reichstagsbrand verhaftet und ins Konzentrationslager Dachau gesteckt. Mit Hinweis auf die nationalsozialistische Haltung des Vaters bekam die Mutter den Sohn nach sechs Wochen frei; im Herbst 1933 wurde Andersch noch einmal verhaftet und brach, bedroht von einem neuerlichen Aufenthalt in Dachau, seine Beziehungen zur KP ab. Andersch schrieb nach 1933 Gedichte und Prosaskizzen; um publizieren zu können, beantragte er seine Aufnahme in die Reichsschrifttumskammer, die nicht bewilligt wurde – die Publikation eines Bandes mit Erzählungen lehnte der Suhrkamp Verlag 1944 ab, als Andersch Soldat in Dänemark war. Seine erste Erzählung erschien im April 1944 in der «Kölnischen Zeitung», wenig später wurde er nach Italien versetzt; dort lief er am 6. Juni zu den Amerikanern über und kam als Kriegsgefangener in die USA, wo er schließlich zur Redaktion des Kriegsgefangenen-*Ruf* stieß.[20]

Hans Werner Richter wurde am 12. November 1908 auf der Insel Usedom geboren und wuchs in Bansin auf. Die Eltern waren Sozialdemokraten, der Bruder Max war Pazifist, der Bruder Ernst Mitglied des Spartakusbundes. Seit 1923 war Richter Lehrling in einer Swinemünder Buchhandlung, anschließend ging er nach Berlin und fand eine Anstellung in der Buchhandlung Gesellius. 1930 trat Richter der Kommunistischen Partei bei, wurde aber 1932 wegen Trotzkismus ausgeschlossen. Nach der Machtübergabe an die Nazis ging Richter im November 1933 nach Paris, kehrte aber, da er dort kein Auskommen fand, zurück nach Berlin, schlug sich zwei Jahre lang als Gelegenheitsarbeiter durch, wurde 1936 Verlagsbuchhändler und 1939 Verkäufer im Kaufhaus Wertheim, dessen jüdische Eigentümer bereits enteignet worden waren. Im April 1940 wurde er einberufen; am 12. November 1943 geriet er bei Monte Cassino in Italien in amerikanische Gefangenschaft und kam ins Lager Ellis in Illinois, leitete dort die Lagerbibliothek und arbeitete an der Zeitschrift «Lagerstimme» mit, bevor er im Oktober 1945 nach Fort Kearney kam und am Kriegsgefangenen-*Ruf* mitwirkte.

Hans Werner Richter (3. v. l.) als Kriegsgefangener in den USA, 1944

Curt Vinz, der in Fort Kearney den Kriegsgefangenen-*Ruf* herausgegeben hatte, wurde mit der Lizenz No. US-E-174 vom 26. Juli 1946 zum Verleger der Nymphenburger Verlagshandlung in München, in der als erste Publikation am 15. August 1946 die Zeitschrift *Der Ruf – Unabhängige Blätter der jungen Generation* erschien.[21] Die Idee, einen neuen *Ruf* herauszubringen, kam von Vinz selbst, nachdem Erich Kuby, der damals bei der amerikanischen Lizenzierungsstelle ICD (Information Control Division) arbeitete, ihm am 4. April vorgeschlagen hatte, mit dem jungen Nicolaus Sombart eine Zeitschrift mit dem Titel «Verlorene Generation» zu verlegen. Vinz wurde darin unterstützt von Alfred Andersch, der damals im von Erich Kästner geleiteten Kulturressort der von den Amerikanern gegründeten «Neuen Zeitung» arbeitete. Am 5. Mai 1946 stellte Erich Kuby, der in der Nymphenburger Verlagshandlung Cheflektor werden sollte, den Lizenzantrag für einen neuen *Ruf*: «Die Zeitschrift soll eine demokratische Elite aus der Jugend um sich sammeln und Jugend zur Jugend sprechen lassen. Der ‹Ruf› wird die politischen und kulturellen Vorarbeiten der gleichnamigen Zeitung der Kriegsgefangenen in den USA fortführen unter den neuen deutschen Verhältnissen.»[22]

Andersch war, ohne seine Position bei der «Neuen Zeitung» aufzugeben, von der ersten Nummer an Herausgeber des *Ruf*. Hans Werner Richter, der an seiner Gründung nicht beteiligt war, arbeitete bereits seit der ersten Nummer redaktionell mit und wurde zum 1. Oktober 1946, mit der vierten Nummer des *Ruf*, neben Andersch ebenfalls Herausgeber der Zeitschrift.

Und andere kamen aus den Lagern nach München und scharten sich um den neuen *Ruf*: Gustav René Hocke, der den amerikanischen *Ruf* geleitet hatte, wurde im September 1946 Lektor der Nympenburger Verlagshandlung; der Jurist Walter Mannzen, der in seiner Jugend kurzfristig mit der Kommunistischen Partei liiert war, stieß hinzu; und Franz Wischnewski, der das Layout des Kriegsgefangenen-*Ruf* besorgt hatte, zeichnete nun für den neuen *Ruf*. Aus holländischer Kriegsgefangenschaft kam Friedrich Minssen, der über Politik und Wirtschaft schrieb, aus englischer der Journalist Walter Heist; schließlich gehörte zum Kreis der Nationalökonom Walter Maria Guggenheimer, der während seines Studiums Lektor der «Weltbühne» gewesen war, 1935 nach Teheran ging und sich Ende 1941 der französischen Befreiungsarmee de Gaulles angeschlossen hatte.

Ebenfalls aus amerikanischer Kriegsgefangenschaft in Fort Kearney kam Walter Kolbenhoff nach München. 1908 in Berlin als Kind von Arbeitern geboren, arbeitete er mit vierzehn Jahren in einem graphischen Betrieb, verließ 1925 Deutschland und reiste durch die Welt: Asien, Afrika, Europa. 1928, zurück in Berlin, ging er in die Kommunistische Partei und wurde 1930 Journalist bei deren Zeitung «Die Rote Fahne». 1933 emigrierte er nach Dänemark, freundete sich mit Wilhelm Reich an und veröffentlichte seinen ersten Roman *Untermenschen*. Auch er wurde wegen trotzkistischer Abweichung aus der KPD ausgeschlossen und ging 1940, als die Deutschen Dänemark besetzten, in den Untergrund. Er behielt den Kontakt zu den deutschen Kommunisten und ging in ihrem Auftrag in die Wehrmacht, um dort zu agitieren. Auch er geriet in amerikanische Gefangenschaft und wurde im Juli 1944 nach

Amerika gebracht, im August 1945 kam er schließlich nach Fort Kearney. In Amerika schrieb Kolbenhoff seinen Roman *Von unserem Fleisch und Blut*, der vom Widerstand erzählt, den ein siebzehnjähriger Soldat, ganz auf sich gestellt, in einer von den Amerikanern eingeschlossenen deutschen Stadt während einer langen Nacht leistet. Dafür bekam Kolbenhoff den vom *Ruf* zusammen mit dem Bermann-Fischer-Verlag gestifteten «Preis der jungen Generation».

Auch Kolbenhoff arbeitete, neben Alfred Andersch, unter Kästner im Feuilleton der «Neuen Zeitung». Er war, gerade mit seinem Roman, für viele dieser heimkehrenden jungen Leute, die publizistisch arbeiten wollten, ein Vorbild. Deshalb – und weil er einer der wenigen war, die über eine Wohnung verfügten – trafen sich die meisten von ihnen damals häufig bei ihm in der Münchner Schellingstraße 48 [23]: ein Kreis von Journalisten, Studenten, Intellektuellen, die kommunistisch, sozialistisch oder sozialdemokratisch orientiert gewesen waren, die Krieg und Gefangenschaft mitgemacht hatten und die sich nun, nachdem sie ihre Jugend an das «Dritte Reich» und im Krieg verloren hatten, fast trotzig als junge Generation empfanden. Darum engagierten sie sich für ein neues Deutschland, das demokratisch, sozialistisch und parlamentarisch sein sollte, und wollten ihre durchaus differenzierten Meinungen darüber, wie dies zu erreichen sei, in einem unabhängigen Blatt, als das sie den *Ruf* ansahen, verbreiten.

Im Rückblick erinnerte sich Alfred Andersch: *Wir machten dieses Blatt unter dem Aspekt der Freiheit, also daß man in Deutschland sagen konnte, was man zu sagen für nötig hielt. Und das hat auch eingeschlossen die Kritik an der Besatzungsmacht. «Der Ruf» war einige Zeit lang fast das einzige Blatt in Deutschland, das Kritik nicht nur an der jüngst vergangenen deutschen Geschichte übte, sondern auch an der Besatzungsherrschaft. – Es gab zwei zentrale rote Fäden, die sich durch die Zeitschrift zogen. Das eine war die Idee, Deutschland, also das künftige Deutschland, müsse eine Brücke zwischen Ost und West bilden. – Die zweite Sache war die, daß wir sagten: Sozialismus. Wir sind für ein sozialistisches Deutschland eingetreten, das außen- und innenpolitisch als Brücke zwischen den Westmächten und der Sowjetunion dienen solle. Und das natürlich nun geäußert im Moment des Beginn des Kalten Krieges, den wir – Richter und ich – damals aber noch gar nicht so scharf*

UNABHÄNGIGE BLÄTTER **DER RUF**
DER JUNGEN GENERATION

NR. 1 · 1. JAHRG.   PREIS 90 PF.   MÜNCHEN, 15. AUGUST 1946

Das junge Europa formt sein Gesicht

(DR) — In dem zerstörten Ameisenberg Europa, mitten in den nielosen Gewimmel der Millionen, sammeln sich bereits kleine menschliche Gemeinschaften zu neuer Arbeit. Allen pessimistischen Voraussagen zum Trotz bilden sich neue Kräfte- und Willenszentren. Neue Gedanken breiten sich über Europa aus. Der auf die äußerste Spitze getriebene Vernichtungswille, wie einst dem Haupt des Jupiter die Athene, ein neuer, jugendfrischer, jungfräulich-athenischer Geist. Die Bedrohung, die hinter uns liegt und diejenige, die unserer wartet, hat nicht zur lähmenden Furcht geführt, sondern nur unser Bewußtsein dafür geschärft, daß wir uns im Prozeß einer Weltwende befinden.

Die Träger dieses europäischen Wiedererwachens sind zumeist junge, unbekannte Menschen. Sie kommen nicht aus der Stille von Studierzimmern — dazu hatten sie keine Zeit —, sondern unmittelbar aus dem bewaffneten Kampf um Europa, aus der Aktion. Ihr Geist ist der Geist der Aktion. In Frankreich scharen sich um die Gruppe der „Existentialisten" und deren Mentor Jean Paul Sartre, dem sich Albert Camus und Simone de Beauvoir gesellten, oder sie bilden Experimentierzellen in den bestehenden Parteien, so etwa Emanuel Mounier mit dem „Esprit" in der jungen Partei Bidaults oder Aragon bei den Kommunisten. Ihr Leben in den letzten Jahren war gleichbedeutend mit dem Leben der französischen „résistance".

Bedingungslose Uebergabe: „Wir haben in Jalta erklärt — und ich wiederhole es jetzt — daß bedingungslose Waffenniederlegung nicht die Vernichtung oder Versklavung des deutschen Volkes bedeutet. Das deutsche Volk wie der deutsche Soldat müssen einsehen, daß sie nur durch bedingungslose Kapitulation beginnen können, wieder ein Volk zu werden, das von der Welt respektiert und als Nachbar akzeptiert werden kann. — Ich würde meinen tiefsten religiösen und politischen Überzeugungen untreu werden, wenn ich in die Hoffnung, in den Glauben aufgäbe, daß in allen Völkern, ohne Ausnahme, im Sinn für die Wahrheit, im Streben nach Gerechtigkeit und eine Sehnsucht nach Frieden lebt — wenn auch dies alles im Falle Deutschlands von einem brutalen Regime unterdrückt sein mag. — Wir klagen nicht das deutsche Volk als solches an, denn wir können nicht glauben, daß Gott irgendein Volk auf ewige Zeiten verdammt habe. Wir wissen aus unserem eigenen Lande, wie viele gute Männer und Frauen deutscher Herkunft sich als loyale, freiheitsliebende und friedliebende Bürger bewährt haben. Das deutsche Volk wird nicht versklavt werden; die Vereinten Nationen betreiben keinen Sklavenhandel."
(Präsident Roosevelt)

Kristallisationspunkte des jungen Italiens sind der aus der Emigration zurückgekehrte Dichter Ignazio Silone, der eine Synthese von Sozialismus und religiösem Denken versucht, oder Ferruccio Parri, der Leiter der Aktionspartei. Der Sieg der Labour Party in England ist nicht denkbar ohne die innere Erneuerung der Arbeiterbewegung durch ihre jungen Kräfte. Skandinavien gab seine besten Geister in diesem Krieg: den dänischen Pfarrer Kaj Munk und den jungen norwegischen Dichter Nordahl Grieg, der über Berlin abstürzte. Diese Namen sind nur die äußerlichsten Zeichen einer Bewegung, in der sich, wenn auch noch zögernd und unklar, so doch schon in großer Tiefe und Breite, die europäische Jugend manifestiert.

Das Gesetz, unter dem sie antritt, ist die Forderung nach europäischer Einheit. Das Werkzeug, welches sie zu diesem Zweck anzusetzen gewillt ist, ist ein neuer, von aller Tradition abweichender Humanismus, ein vom Menschen fordernder und an den Menschen glaubender Glaube, ein sozialistischer Humanismus.

Sozialistisch — das meint in diesem Fall, daß Europas Jugend „links" steht, wenn es sich um die soziale Forderung handelt. Sie vertritt wirtschaftliche Gerechtigkeit und weiß, daß diese sich nur im Sozialismus verwirklichen läßt. In einem wirklichen Sozialismus, nicht in „sozialen Reformen". Der Menschengeist hat eine Reife erreicht, in dem ihm der private Besitz von Produktionsmitteln ebenso absurd erscheint wie vor 2000 Jahren die Sklaverei. Die sozialistische Forderung schließt die Forderung nach einer geplanten Wirtschaft und eine — trotz allem — Bejahung der Technik ein. „Links" steht dieser Geist ferner in seiner kulturellen Aufgeschlossenheit, seiner Ablehnung nationaler und rassischer Vorurteile, seiner Verhöhnung des provinziellen Konservativismus.

Humanistisch aber ist Europas Jugend in ihrem unerschöpflichen Hunger nach Freiheit. Humanismus bedeutet ihr Anerkennung der Würde und Freiheit des Menschen — nicht mehr und nicht weniger. Sie wäre bereit, das des Sozialismus zu verlassen, wenn sie darin der Freiheit des Menschen aufgegeben sähe zugunsten jenes alten orthodoxen Marxismus, der die Determiniertheit des Menschen von seiner Wirtschaft postuliert und die menschliche Willensfreiheit leugnet. Fanatismus für das Recht des Menschen auf seine Freiheit ist kein Widerspruch in sich selbst, sondern die große Lehre, welche die Jugend Europas aus der Erfahrung der Diktatur zieht. Sie wird den Kampf gegen alle Feinde der Freiheit fanatisch führen.

Eine starke Wurzel dieses doppelten Suchens nach Freiheit und sozialer Gerechtigkeit liegt in dem religiösen Erlebnis, das die junge Generation aus dem Kriege mitbringt. Echte religio ist nicht möglich, wo der Mensch Blut- oder Klassengesetzen unterstellt wird, die er angeblich nicht durchbrechen kann. Nichts beweist die Freiheit des Menschen mehr als seine freie Entscheidung für den einen Gott. Der Inhalt des jungen Denkens bedingt die Haltung seiner Träger. Sie fordern nicht nur richtiges Denken, sie fordern auch das dazugehörige Leben. Sie können es fordern, weil sie sich für ihre Grundsätze eingesetzt haben, weil viele von ihnen dafür ihr Leben hingegeben haben. Besonders Sartre und die jungen Kämpfer aus der „résistance" fordern diese Uebereinstimmung von Tat und Gedanken, die bruchlose Existenz.

Von hier aus spannt sich ein dünnes, sehr gewagtes

Die erste Ausgabe, 15. August 1946

gesehen haben, das war natürlich – vielleicht – journalistischer Wahnsinn.[24]

Und Walter Kolbenhoff schwärmte: *Die Auflage war ungeheuer, der Widerhall war ungeheuer, das muß ich sagen, in der deutschen Nachkriegszeitschriften- und Zeitungsgeschichte hat es so etwas noch nie gegeben. Wir haben einen Ton getroffen, von dem alle betroffen waren, und wir kriegten jetzt so viele Schriften von jungen Leuten, Studenten oder was weiß ich, die aus dem Krieg auch nach Hause gekommen waren, wir sollten eine neue Partei gründen: die ‹Ruf-Partei›. Was natürlich Quatsch war, denn wir hatten die Nase voll von den Parteien, wir wollten idealistisch kämpfen.*[25]

Der *Ruf* war mit einer Auflage von 35 000 Exemplaren gestartet, die bald auf 50 000 und ab Nr. 10 vom Januar 1947 auf 70 000 Exemplare stieg, bis sie nach der Nr. 14 von der ICD zur Strafe auf 50 000 herabgesetzt wurde; so hoch blieb die Auflage auch nach dem Ausscheiden von Andersch und Richter unter der Leitung von Erich Kuby. Es gab Zeitschriften mit höheren Auflagen – der von Erich Kästner herausgegebenen Jugendzeitschrift «Pinguin» und dem «Horizont», einer «Halbmonatszeitschrift für junge Menschen», bewilligten die Amerikaner zum Beispiel Auflagen bis zu 250 000 bzw. bis zu 150 000 Exemplaren. Es lag durchaus in ihrer Hand, die Verbreitung einer Zeitschrift zu steuern. Und «Pinguin» und «Horizont» passten sehr gut in das amerikanische Erziehungsprogramm, der *Ruf* nicht.[26]

Der *Ruf* gewann seine Bedeutung aus der von Andersch genannten kritischen Rolle gegenüber der Besatzungsmacht USA. Aber man darf seine Rolle in der unmittelbaren Nachkriegspublizistik auch nicht überbewerten. Seine Bedeutung bliebe ephemer, eine Randnotiz aus dieser Zeit, wenn er nicht durch den späteren Ruhm von Andersch und Richter und vor allem durch die nachfolgende Erfolgsgeschichte der Gruppe 47 aufgewertet worden wäre. Auch sind späte Einschätzungen, der *Ruf* hätte das Zeug gehabt, Meinungsblättern wie dem «Spiegel» oder der «Zeit» Konkurrenz zu machen, bar jeglichen Realitätssinns; und der Ruf nach der *Ruf*-Partei, von der Kolbenhoff sprach, ist bloß eine Anekdote, die auf einem einzigen Leserbrief beruht.

Als Curt Vinz den neuen *Ruf* plante, wollte er damit die Erziehungspolitik des Kriegsgefangenen-*Ruf* fortsetzen; auf keinen Fall wollte er ein Blatt verlegen, das sich gegen die amerikanische Besatzungspolitik richtete. Aber genau diesen Anschein erweckte, was Andersch und Richter schrieben, obgleich es nicht um der bloßen Freude an der Opposition willen geschah, sondern weil sie eine eigene Vorstellung von der neuen Rolle Deutschlands hatten und weil sie sich hin und wieder über Missstände der US-Verwaltung bei der Versorgung der Deutschen ausließen. Doch so viel Selbstbewusstsein war nicht gefragt. Und dass Andersch und Richter mit ihren Kommentaren dann auch noch den Beifall von der falschen Seite bekamen, dass ihnen manchmal von Nationalisten und vermutlich auch nazistischer Seite zugestimmt wurde, konnten sie zwar nicht verhindern, war aber Grund genug für die Kontrollbehören, ihnen genauer auf die Schreibfinger zu sehen.

Zugleich saß die Kontrollbehörde auch im eigenen Haus. Der Verleger, an dessen Lizenz ja die *Ruf*-Kritik der Amerikaner rührte, ließ schon seit September 1946 die Artikel für den *Ruf* vor der Drucklegung von Mitarbeitern des Verlags gegenlesen, und aus solcher kontrollierenden Lektüre, der die *Ruf*-Redaktion sich nur unwillig beugte, ergab sich manchmal sogar eine fruchtbare Zusammenarbeit. So lobte Andersch in einem Brief an seinen ‹Gegenleser› Berthold Spangenberg, *wie wertvoll Ihre Korrekturarbeit [...] war. [...] Sie sehen also, daß ich mich dem Gedanken des ‹Team-Works› keineswegs verschließe.*[27] Spangenberg hatte Andersch auf einige sachliche Fehler in einem kritischen Artikel über die SPD hingewiesen.

Ein prinzipielles Misstrauen gegenüber den politischen Parteien, die den Nationalsozialismus 1933 nicht verhindert hatten; eine kritische Einstellung gegenüber den Emigranten, die nach Ansicht des *Ruf* ebenfalls versagt und sich im Ausland ganz komfortabel eingerichtet hätten; die Ablehnung der These von der deutschen Kollektivschuld am Krieg; die Forderung, Deutschland mit seiner geopolitischen Mittellage zwischen Ost und West und also zwischen Kapitalismus und Kommunismus müsse sozialistisch und demokratisch werden und als so geformte Republik eine Brücke zwischen den beiden Systemen sein, die vielleicht sogar einmal in einem sozialistischen freien Europa aufgehen könnten – das waren in etwa die Positionen, die Andersch und Richter als Herausgeber im *Ruf* vertraten und zuließen, ja förderten, und die

Alfred Andersch (rechts) beim Umbruch des «Ruf», 1946

von den Amerikanern zunehmend kritisiert wurden: als Oppositionshaltung um jeden Preis und als von nationalistischen Ressentiments gespeist.

Vor allem Erich Kuby in seiner Doppelrolle als Mitarbeiter der ICD (Information Control Division) und als Vinz nahe stehender potenzieller Mitarbeiter der Nymphenburger Verlagshandlung hat diese *Ruf*-Positionen verschiedentlich intern und, unter dem Pseudonym A. Parlach, öffentlich kritisiert. Andersch und Richter kannten Kubys Opposition aus dessen Kritik der ersten *Ruf*-Nummern, und sie haben ihn als Mitarbeiter später nicht mehr akzeptiert.

Anderschs und Richters Rolle wurde 1947 von Nummer zu Nummer problematischer. Ihre Kritiker warfen ihnen vor, sie ignorierten die Fakten zugunsten ihrer Ideen und beugten missverständlichen Wahrnehmungen und nahe liegenden Verwechslungen nicht genügend vor. Weil sie zum Beispiel selbstbewusst deutsche, als nationale erkennbare Positionen bezogen, die auch von unbelehrbaren Altnazis unterstützt wurden, könne man ihre Forderungen leicht mit nationalsozialistischen Gedanken verwechseln; und weil sie sich kritisch mit den neuen und alten Parteien auseinander setzten, unterstellte man ihnen eine Haltung, die der nationalsozialistischen Parteienkritik der Weimarer Jahre ähnlich sei. Als schließlich der *Ruf* Ende 1946 die Alliierten wegen der katastrophalen Ernährungslage im Land und einer unzureichenden Versorgung mit Lebensmitteln kritisierte, warf man ihren Redakteuren die Entschiedenheit im Ton, die sich nicht nach allen Seiten hin absicherte, als Einseitigkeit und als besserwisserische Arroganz vor.

Die Auseinandersetzungen zwischen Redaktion, Verlag und ICD nahmen zu nach Erscheinen der 14. Nummer des *Ruf* vom 1. März 1947. Der Aufmacher stammte von Hans Werner Richter: *Churchill und die europäische Einheit*. Richter votierte darin gegen Churchill, der *ein Europa vor dem Untergang bewahren [will], das in zwei Kriegen seine Lebensunfähigkeit bewiesen hat. Er möchte es bewahren in seiner liberalen und privatwirtschaftlichen Organisation*. Dagegen setzte Richter: *Das alte Europa muß absterben, damit ein neues geboren werden kann. Dieses neue Europa aber wird sozialistisch sein oder es wird nicht sein*. Dieser Artikel aber war nicht der Grund der Intervention, die den Verleger Vinz und den Herausgeber Andersch zur ICD einbestellte. Moniert wurden ein Leserbrief, in dem hinter den damals üblichen Versorgungsschwierigkeiten Absichten der Amerikaner vermutet wurden, wofür ja schon die bloße Existenz des Morgenthau-Plans Hinweis genug sei; eine kurze Glosse von Gerd Klaass (alias Alfred Andersch), *Das patriotische Trinkwasser*, die die Mentalität der Besatzer als eine von privilegierten Menschen aufs Korn nahm; und ein beißend ironischer Artikel von Guggenheimer, in dem er *Unmaßgebliche Vorschläge zu einem umfassenden Austauschplan zwecks Rettung der Deutschen Kultur* machte, die ebenfalls von der schlechten Versorgungslage ausgingen.[28]

Vinz und Spangenberg hatten die Artikel passieren lassen. Aber die amerikanischen Zensoren lasen so etwas nicht gern. Sie ließen sich nicht unterstellen, die Knappheit der Versorgung sei gewollt. Insbesondere aber hatten die Zensoren auch keinen Sinn für eine Ironie, die nur kritisiert, ohne Vorschläge zum Besseren zu machen. Das war genau jener «Nihilismus», den Richter später als Grund dafür angegeben hat, dass ‹die Amerikaner› den *Ruf* verboten hätten.

Doch sie haben den *Ruf* nicht verboten. Die ICD bestrafte den Verlag, indem sie die Auflagenhöhe um 20 000 auf 50 000 Exemplare reduzierte – eine finanzielle Einbuße. Daraufhin bestand der Verlag auf einer Entschärfung der nächsten Nummer. So wurde unter anderem ein Artikel Guggenheimers verschoben, in dem er desillusioniert schrieb, die Deutschen wollten keinen *sozialen Umbruch mit Zertrümmerung der ökonomischen und gesellschaftlichen Positionen, die sich der Faschismus geschaffen hat*[29], sie wollten also die Restauration, und die Amerikaner würden den Mitläufern des Nationalsozialismus notgedrungen alsbald die Hand zur Zusammenarbeit reichen. Der Artikel, gemessen an den üblichen voluntaristischen *Ruf*-Positionen von selten realistischer Einschätzung, ist im *Ruf* nie erschienen.

Curt Vinz, der seinen Verlag gefährdet sah, versuchte nun, den *Ruf* als oppositionelle Zeitschrift aus dem Feuer zu nehmen und ihn zu dem zu machen, was er, wäre es nach ihm gegangen, schon immer sein sollte: zu einer Zeitschrift für die junge Generation im Sinne des alten amerikanischen *Ruf*. Dann ging es Zug um Zug. Am 11. März 1947 forderte Gustav René Hocke, der in der Nymphenburger Verlagshandlung eine leitende Position hatte, einen Wechsel in der *Ruf*-Redaktion und schlug unter anderem Kuby als neuen Herausgeber vor.[30] Kuby selbst, immer noch Mitarbeiter der ICD, mahnte am 28. März, noch vor Erscheinen der 16. Nummer: «Ich habe Ursache zu sagen: beeilt Euch mit einer geistigen Reorganisation.»[31] Als die Nummer 16 am 1. April erschien, war das Schicksal von Andersch und Richter bereits entschieden. Am selben Tage unterschrieben beide eine an die Nymphenburger Verlagshandlung gerichtete Kündigung: *Wir teilen Ihnen mit, daß wir die zwischen den beiden Unterzeichneten und dem Verlag abgeschlossenen Herausgeberverträge fristgemäß zum 30. Juni kündigen, da* *wir eine Neufassung dieser Verträge für nötig halten. An unserer gegenwärtigen Stellung und Tätigkeit im RUF ändert sich hierdurch nichts.*³²

Am 2. April nahm der Verleger diese recht blauäugig ausgesprochene Kündigung³³ an. Am 4. April teilte die ICD dem Verlag das Verbot des *Ruf* «bis auf weiteres» mit.³⁴ Was bedeutete, dass Andersch und Richter, die ja trotz ihrer Kündigung bis Ende Juni 1947 noch die vertragsmäßigen Herausgeber des *Ruf* waren, nun nicht mehr zu halten waren. Nur mit dem Hinweis auf ihre Kündigung erwirkte Vinz bei der ICD die Fortführung des *Ruf* und bot Kuby die Herausgeberschaft an. Der gab seinen Job bei der ICD auf und redigierte den *Ruf* bis Ende 1947, dann übernahm zum 1. Januar 1948 der Journalist Walter von Cube die Herausgeberschaft. Mit Nummer 6 vom 15. März 1949 stellte der *Ruf* sein Erscheinen ein.

Bezeichnenderweise signalisiert die eigene Kündigung ihrer Herausgeberschaft mit der Absicht, einen neuen und besseren Vertrag zu erreichen, die ökonomische und politische Naivität von Andersch und Richter.³⁵ So scheiterten sie auf eine Weise, die ihnen den Illusionismus ihrer politischen Positionen praktisch vorführte: Sie hatten doch den Sieg des Sozialismus in Europa propagiert und mussten nun an ihrer eigenen Niederlage als Herausgeber des *Ruf* erfahren, wie wenig realistisch ihre politischen Träume waren. Als Angestellte eines Verlags, als geistige Produzenten seines Produkts mussten sie erkennen, dass sie nur die Diener jener waren, die im Besitz der Produktionsmittel waren, und deren schließlich fristlose Kündigung an- und hinnehmen.

Anderschs und Richters Versuch, in einer Zeit der unablässigen Abhängigkeiten wie losgelöst von Zwängen eine eigene, wenn auch utopische politische Publizistik zu betreiben, war gescheitert. Sie waren keine Nationalisten, das konnte man erkennen, sondern sie probten ihre Unabhängigkeit und versuchten, sich eine möglichst repressionsfreie Öffentlichkeit zu erarbeiten. Da konnte man nicht immer auf den Beifall von der falschen Seite achten. Sie dachten gar nicht daran, dass man sie mit den Nazis in eine Verbindung bringen konnte; denn sie waren nach ihrem Verständnis ja stets Nazigegner gewesen.

Deshalb hatten sie auch keine Bedenken, sich bewusst einer Sprache zu bedienen, die von den jungen, vom Nazismus infizierten Deutschen verstanden wurde – sie wollten über die Brücke dieser Sprache ihre anderen Inhalte ins Lager der Jungen tragen. Auch deshalb nahmen sie manches mögliche Missverständnis bewusst in Kauf. Aufschluss über diese Absicht gibt ein Brief Anderschs an Berthold Spangenberg schon vom 27. August 1946, also gleich nach Beginn des *Ruf*: *Der «Ruf» bricht durch eine ganz dünne, kaum erkennbare Stelle in die Reihen der jungen Generation ein. Diese Stelle aber ist die entscheidende. Wenn der Einbruch gelingt, kann von dort aus die «Front aufgerollt werden», d. h. das Ressentiment umgewandelt werden in etwas Besseres. Dementsprechend ist jetzt feinste Nadelarbeit zu leisten. Die Redaktion arbeitet dementsprechend auf einer sehr feinen Grenzlinie, zwischen den Gefühlen der jungen Generation, soweit sie anständig sind, und den Forderungen der hohen Politik, soweit sie richtig sind. Es ist wirklich halsbrecherisch.*[36]

Es war halsbrecherisch, und Andersch und Richter waren mit ihren publizistischen Möglichkeiten an ein Ende gekommen. Es ist müßig zu fragen, wie sehr sie selbst sich damals in ihrer eigenen Ideologie verfangen hatten. Hans Werner Richter hat sich immer wieder auf die damalige Position einer ‹heimatlos› gewordenen Linken berufen, die sich in den bestehenden großen Parteien nicht wiederfinde und deshalb eigene, individuelle Wege gehen müsse: Als ‹geistige Elite› sollte sie die Politik erklären, kommentieren und kritisieren, sollte sich aber von den Parteien fern halten und nicht handelnd in die Politik eingreifen.

Nicht selten freilich haben sich die Herausgeber des *Ruf* vorhalten lassen müssen, dass sich ihr Denken an Fakten nicht stieß, ja Fakten schlicht ignorierte.

Das hat sich bis in die eigene Überlieferung Richters verlängert, der das Ende des *Ruf* nie so dargestellt hat, wie es die Akten- und Faktenlage nahe legt. Er hat das Ende des *Ruf* etwas anders erzählt: *Vierzehn Tage sind vergangen. Alfred Andersch ist noch immer in Hamburg. Er weiß nichts, oder nur wenig, von den Gefahren, die dem «Ruf» drohen. Ich habe die letzte Nummer so hergestellt wie alle vorhergehenden. Es ist die siebzehnte Nummer. Ich habe die Artikel der Mitarbeiter nicht verändert. Es wäre mir wie eine Zensur vorgekommen und nichts ist mir mehr zuwider als Zensur, ganz gleich, ob ich Zensor oder Zensierter bin. Mein Leitartikel trägt die Überschrift «Der Sieg des Opportunismus». Und in einer Glosse, die sich gegen den Angriff einer*

Jugendzeitschrift in der Ostzone wendet, mache ich mich über marxistisches Grundschuldenken lustig. [...]

Die ganze Nummer ist von einer unabhängigen scharfen Linkstendenz: Abgrenzung gegenüber einem dogmatischen, veralteten Marxismus einerseits und Forderung nach einem vereinten sozialistischen Europa andererseits. Aber die Grundtendenz ist pessimistisch. Es ist die Verzweiflung über den sich ausbreitenden Opportunismus, der alles zu zersetzen beginnt.

Ich sitze in der Redaktion. Vor mir liegen die Umbruchbogen dieser Nummer 17. Ich weiß noch nicht, dass sie die letzte, nicht mehr veröffentlichte sein wird. Alle Artikel sind mit roter Tinte bearbeitet. Ganze Passagen sind gestrichen. Andere Absätze sind mit Fragezeichen versehen, Sätze eliminiert, deren Streichung klar eine Tendenzverschiebung bedeutet. Was übrig bleibt, ist ein anderer «Ruf», ein sanfter, bescheidener, opportunistischer «Ruf», ganz im Sinne der Militärregierung. Ich weiß nicht, wer diese Zensur vorgenommen hat. Ich erfahre es auch nicht. Es können die Vertreter der Militärregierung sein. Aber es ist auch möglich, daß diese Umbruchbögen dem alliierten Kontrollrat in Berlin vorgelegen haben, der noch immer die Kontrolle über ganz Deutschland ausübt. Ich kann mir eine Demarche der Sowjets vorstellen. Aber es sind Annahmen, vielleicht Phantasien. Was bleibt, ist dies: ich kann diese Nummer nicht so herausgehen lassen, und ich will und werde sie nicht mit meinem Namen decken. Noch weiß ich nicht, wie Alfred Andersch reagieren wird. Ich bin überzeugt: er kann und wird nicht anders handeln.

Schon der nächste Tag bringt Klarheit. Wir stehen vor den verschlossenen Türen unserer eigenen Redaktion, die Mitarbeiter, die Sekretärinnen, ich, und etwas später auch Alfred Andersch, der zurückgekommen ist. Er liest auf einem Treppenabsatz die zensierten Umbruchbogen und reagiert wie ich. Nein, sagt er, das geht nicht, das können wir nicht. Er ist empört. Wenig später kommt es zu einem Treffen mit dem Lizenzträger. Er teilt uns mit, daß die Amerikaner unser Ausscheiden als Herausgeber verlangen, andernfalls werde der «Ruf» eingestellt, mit anderen Worten, die Lizenz dem Lizenzträger [i. e. Curt Vinz] entzogen.

Es kommt zu einer erregten Auseinandersetzung. Wir sagen: Wir haben den «Ruf» aufgebaut, es ist unser «Ruf», wir haben ihn zu dem gemacht, was er ist, niemand könne ihn uns wegnehmen. Aber wir wissen auch, daß wir in einer Falle sind. Nicht wir besitzen die Lizenz, sondern der Mann uns gegenüber. Er kann mit dem «Ruf» machen, was er will. Schlaglichtartig wird mir unser Leichtsinn bewußt, ein Leichtsinn der Arroganz und Überheblichkeit, der die Realität der gegebenen Machtverhältnisse nicht in Rechnung gestellt hatte. Da erscheint zu unserem Erstaunen ein Mann, den wir hier nicht erwartet haben: Erich Kuby. Ich kenne ihn kaum, aber weiß, daß er bei der amerikanischen Militärregierung, in der Publications-Section, arbeitet. Er hat den Artikel in der «Süddeutschen Zeitung» gegen uns mit dem Vorwurf des Nationalismus geschrieben. Er kann uns nicht wohlgesonnen sein. Seine Artikel, die er der Redaktion des «Ruf» angeboten hat, habe ich in den vergangenen Monaten alle abgelehnt. Grund: die falsche Argumentation gegen die Deutschen schlechthin und das damit verbundene indirekte Bekenntnis zur Kollektivschuld. Die Veröffentlichung solcher Artikel hätte die Konzeption des «Ruf» verbogen und entstellt. Umso größer ist jetzt meine Verblüffung, ihn hier in dieser uns allein angehenden Auseinandersetzung zu sehen.

Aber es wird schnell klar, was geplant ist. Der Lizenzträger sagt es. Kuby soll unser Nachfolger werden. Der «Ruf», den Andersch und ich herausgegeben haben, wird abgeschafft, ist verboten, der andere konzessionsbereite soll unter Erich Kuby neu entstehen. Es ist für mich ein Schlag ins Gesicht.[37]

EINE ART REDAKTIONSSITZUNG AM BANNWALDSEE

Andersch und Richter lehnen das Angebot, weiterhin im *Ruf* wenigstens zu schreiben, ab. Beide waren enttäuscht, dass sie mit ihrer politischen Publizistik so gut wie nichts bewegt hatten, und beide wollten sich nun eher auf literarischem Felde umtun.[38] Andersch hatte sich bereits Anfang des Jahres aus der Redaktion der «Neuen Zeitung» zurückgezogen. Er begann sofort nach dem Ende der *Ruf*-Mitarbeit, literarisch zu schreiben, und wurde mit Wirkung vom 1. Juni 1947 Redakteur der «Frankfurter Hefte», damals mit einer Auflage von 50000 Exemplaren eine der erfolgreichen Monatsschriften für Kultur und Politik, die unter ihren Herausgebern Walter Dirks und Eugen Kogon eine sozial orientierte linkskatholische Position vertrat.

Richter war alsbald vielfältig tätig. Er arbeitete ab Mai oder Juni 1947 als freier Lektor für den Münchner Verlag der Gebrüder Weiss. Später im Jahr war er beteiligt an dem Plan, in Hamburg eine große parteienunabhängige Zeitung sozialistischer Ausrichtung zu gründen, der sich freilich zerschlagen hat. Gleichzeitig bereitete er eine Anthologie mit *Gedichten deutscher Kriegsgefangener* vor, die im Herbst in der Nymphenburger Verlagshandlung unter dem Titel *Deine Söhne, Europa* erschienen ist. Und schon am 11. Juni 1947 schrieb er an Walter Kolbenhoff: *Die «Junge Tribüne», deren Idee uns beide neulich so begeistert hat, ist also geboren worden. Gestern hat sie ihre Geburtsstunde gehabt. Ich bin bereits bei der Vorbereitung für das erste Heft. [...] habe gestern mit dem Stahlberg-Verlag abgeschlossen [...].*[39] Fünf Tage später, wieder an Kolbenhoff: *Die Tribüne wird literarisch-kritisch-satyrisch sein. Sie wird kein Blatt vor den Mund nehmen, jedoch sich von jeder aktuellen Politik fernhalten.*[40] Schließlich am 4. Juli, erneut an Kolbenhoff: *Die Zeitschrift wird ja wahrscheinlich den seltsamen Namen «Der Skorpion» tragen, da es schon vier Tribünen gibt. [...] «Skorpion» ist zwar etwas giftig, aber das schadet ja nichts.*[41]

Als Mitarbeiter nannte Richter vor allem die alten Mitstreiter vom *Ruf*, die er gern zusammenhalten wollte, und von den Schriftstellern hatte er Walter Kolbenhoff, Günter Eich, Wolfdietrich Schnurre, Alfred Andersch und die Lyrikerin Ilse Schneider-Lengyel gewonnen.

Einige von ihnen waren auch dabei, als Inge Stahlberg, in deren Verlag der *Skorpion* erscheinen sollte, junge und ältere Autoren zu einem Treffen vom 26. bis 28. Juli 1947 mit Vorträgen und Lesungen auf das Gut der Gräfin Degenfeld nach Altenbeuern einlud. Rudolf Alexander Schröder, als bekanntester und ältester Autor wohl Mentor des Treffens, hielt den Vortrag «Vom Beruf des Dichters in der Zeit» und ermahnte die jungen Kollegen zur «inneren Selbstgenüge des dichterischen Vorgangs», sprach vom «Trostamt des Dichters» und von der «Rettung aus dem Vergänglichen ins Bleibende».[42] Das war nicht eben der Ton, den Richter und seine Freunde im *Ruf* angeschlagen hatten, und bezeichnete auch nicht die Form des Amtes, das sie sich als junge Schriftsteller und Publizisten für den *Skorpion* vorgenommen hatten. Auch der 25-jährige Heinz Friedrich hielt einen Vortrag und äußerte seine *Gedanken zur geistigen Lage der jungen Generation*, sprach von durch Aufklärung und Technik entgotteter Zeit und von gläubiger geistiger Erneuerung, forderte aber auch: *Wir müssen in den Menschen wieder den Boden bereiten, wir müssen sie erlebnisfähig machen, sie auf-*

rütteln, packen – und zwar mit den Mitteln der schöpferischen Gestaltung, die uns unsere Zeit in die Hand gibt –, mit dem Erlebnis unserer Zeit! [43]

Dieses Referat enthielt allerdings so viel Sprengstoff, daß sich die Gemüter dran heftig erhitzten. Es gab grimmige Diskussionen, und die Tagung spaltete sich in zwei Lager. [44] Die Verteidiger einer *reaktionären poésie pure* kritisierten das von Friedrich geforderte *Engagement für die Gegenwart*, während die alten Mitarbeiter des *Ruf*, denen jeder Ästhetizismus *ein Greuel war*, solche *Unaufgeschlossenheit und Weltfremdheit* verachteten.[45]

Doch das Treffen hatte immerhin sein Gutes: Richter befand, so etwas *sollte man öfter machen. Manuskripte vorlesen, diskutieren – da kommt was dabei heraus. Nur die richtigen Leute müssen zusammenkommen – das hier ist zu gemischt.* [46] Und in Richters Brief an Inge Stahlberg vom 8. August 1947 schimmert kräftig schon die pädagogische Absicht solcher Treffen durch: *Jedoch glaube ich, dass die literarischen Kräfte, die dort [in Altenbeuern] zu Wort kamen bis auf wenige gute Ansätze alle noch ganz im Anfang ihrer Entwicklung stehen. Sie bedürfen noch viel Kritik und viel Führung, ehe sie für eine Veröffentlichung die notwendige Reife besitzen. Als Mitarbeiter für eine literarische Zeitschrift würden ihre Kräfte nicht ausreichen.* [47]

Sogleich ging Richter daran, ein solches Treffen vorzubereiten. Schon am 15. August dankt Ilse Schneider-Lengyel Richter dafür, dass er die Tagung zu ihr an den Bannwaldsee verlegen wolle, am 26. telegraphiert sie: *Unterkunft für 10 Personen ab 6. September reserviert*, und am Tag darauf verschickt Richter die Einladungen, zum Beispiel an Friedrich Minssen: *Am Sonnabend und Sonntag, dem 6. und 7. September kommen die Mitarbeiter des Skorpion auf dem Gut Bannwaldsee bei Füssen im Haus von Schneider-Lengyel zu einer kleinen Unterhaltung zusammen. Es werden voraussichtlich dort sein: Kolbenhoff, Schnurre, Ulrich, Guggenheimer, Wischnewski, Sombart, Müller, Friedrich, Bächler, Heist usw. Dort oben ist es sehr schön. Wir können baden, vorlesen, uns unterhalten und einmal ausspannen. Es gibt einen See, in dem es noch riesige Hechte geben soll, so daß der eine oder andere seiner Angelleidenschaft frönen kann. Ich denke, daß es sehr schöne Tage werden.* [48] Der Einladungsbrief spiegelt schon die privaten und unterhaltsamen Aspekte, die den Treffen der Gruppe 47 fortan eigen waren.

Wolfdietrich Schnurre und Ilse Schneider-Lengyel beim Treffen am Bannwaldsee, September 1947

Tatsächlich trafen sich dann im Hause von Ilse Schneider-Lengyel am Bannwaldsee in der Nähe von Füssen am 6. und 7. September 1947 sechzehn Personen: Hans Werner und Toni Richter, Heinz und Maria Friedrich, Walter und Isolde Kolbenhoff, Walter Maria Guggenheimer, Wolfgang Bächler, Wolfdietrich Schnurre, Heinz Ulrich, Nicolaus Sombart, Friedrich Minssen, Freia von Wühlisch, Franz Wischnewski, ein Herr Holtmann (Mitarbeiter des Pallas-Verlags) und die Gastgeberin.[49]

Walter Kolbenhoff erzählte später: *Wir hatten einen Freundeskreis schon vorher: Richter, Andersch, Schnurre und verschiedene andere. Und wir trafen uns gelegentlich, bis Richter auf die Idee kam – es war, nachdem der Ruf verboten war und der Skorpion noch gar nicht erschienen war –, dass wir einfach zusammenkommen sollten und uns zusammensetzen und diskutieren über unsere Artikel, die wir geschrieben hatten für den Skorpion, und vielleicht auch kritisieren.*

Im Bannwaldsee angekommen, sahen wir das Haus, in dem wir alle schlafen sollten: ein einsam am See gelegenes kleines Haus. Wie wir die Nacht verbracht haben, weiß ich nicht, die meisten schliefen auf dem Boden, Richter als Häuptling natürlich kriegte ein Bett, aber wir schliefen auf'm Boden. Dann kam das zweite Problem: Schlecht ausgeschlafen, hungrig, immer noch müde, wollten wir frühstücken. Was? Da hatte Frau Schneider-Lengyel für gesorgt, die war schon um vier Uhr aufgestanden, auf'n See rausgerudert und hatte Hechte und Barsche, und ich weiß nicht, wie die Fische heißen, gefangen. Die wurden gebraten, dann aßen wir jeder ein Stück Fisch, das war das erste Frühstück der Gruppe 47.[50]

Und Hans Werner Richter war von da an, wie selbstverständlich, ihr *Häuptling*. Viele Jahre später erinnerte er sich an das Treffen am Bannwaldsee: *Am Spätnachmittag beginnt die erste Besprechung. Es ist eine Art Redaktionssitzung. Im Mittelpunkt steht die in Vorbereitung befindliche literarische Zeitschrift «Der Skorpion», für die ich noch keine Lizenz besitze. Die Besprechung wird von mir geleitet. Ich bin der Einlader zu diesem Treffen und für die ehemaligen Mitarbeiter des «Ruf» auch immer noch dessen Herausgeber. Ich hatte auf meinen handgeschriebenen Postkarten gebeten, noch nicht veröffentlichte Manuskripte mitzubringen. Fast alle sind dieser Aufforderung gefolgt. Da sie alle literarische Anfänger, Neulinge in der Kunst des Schreibens sind, gibt es auch keine Meisterwerke zu entdecken. Es sind Versuche, Anfänge, dilettantisch oft, aber hin und wieder auch Talent, ja Begabung verratend. […] Worauf es ankommt, ist die Mitteilung, ist dem Anderen, Nächsten zu zeigen, was man denkt und was man kann, Ersatz für eine literarische Kommunikation, die noch nicht besteht.*[51]

Unter anderen lasen Wolfgang Bächler und Ilse Schneider-Lengyel Gedichte, die später veröffentlicht wurden, Heinz Friedrich trug Szenen aus einem Stück vor, das nie auf einer Bühne erschien, Nicolaus Sombart erfand mit dem Prosastück *Begegnung der Generationen*, das er *Capriccio* nannte, angeblich eine neue *literarische Form*[52]; neben einem Bächler-Gedicht sind von den am Bannwaldsee gelesenen Texten tatsächlich in der Nullnummer des *Skorpion* abgedruckt: ein kontroverser Briefwechsel von Walter Kolbenhoff und Schnurre über die Rolle des Künstlers und seines Werks in der Gegenwart, ein Romanauszug von Heinz Ulrich, der außerdem noch einige Grotesken vorlas, die später im «Ulenspiegel» erschienen sind, und von Kolbenhoff die Kurzgeschichte *Die Reise nach Hannover.*[53]

Wolfdietrich Schnurre las die Erzählung *Das Begräbnis*[54], die neben dem Eich-Gedicht *Inventur* als Muster einer neuen literarischen Sprechweise und als charakteristisch galt für jene ‹Kahlschlag›-Literatur der Nachkriegsjahre, mit der die jungen Schriftsteller ihrer ernüchterten Zeit nahe kommen wollten: für ein realistisches Schreiben, das gegen das verlogene Pathos der Nazizeit und gegen die in ihr entwickelte Sklavensprache ebenso wie gegen die «poésie pure» eine klare und der wahrgenommenen Wirklichkeit nahe Literatur stellen wollte.

Die Erzählung wurde zum Paradestück des frühen Gruppe 47-Literaturprogramms, das so freilich nie formuliert wurde.[55] Vor allem Schnurre machte die Kurzgeschichte zum Medium seiner aufklärerischen Absicht; satirisch und zuweilen mit makabrer Intensität fixierte er die Stimmungen der Nachkriegszeit, minutiös und im Detail, um Sprache nach und nach, bruchstückhaft, wie ein Mosaik wiederherzustellen.

Wolfdietrich Schnurre
Das Begräbnis (Auszug)

Steh ich in der Küche auf dem Stuhl. Klopfts. Steig ich runter, leg den Hammer weg und den Nagel, mach auf: Nacht, Regen. Nanu, denk ich, hat doch geklopft. Ptsch, machts in der Dachrinne.
«Ja?» sag ich.
Rufts hinter mir: «Hallo!»
Geh ich zurück. Liegt ein Brief auf dem Tisch. Nehm ihn. Klappt die Tür unten. Leg ich den Brief hin, geh runter, mach auf: Nichts. Donnerwetter, denk ich. Geh rauf wieder. Liegt der Brief da; weiß mit schwarzem Rand. Muß eins gestorben sein, denk ich und seh mich um.
«Riecht nach Weihrauch», sagt meine Nase.
«Hast recht», sag ich, «war doch vorher nicht. Komisch.»
Mach den Brief auf, setz mich, putz die Brille; so. Richtig: eine Traueranzeige. Ich buchstabiere:

Von keinem geliebt, von keinem gehaßt
starb heute nach langem, mit himmlischer
Geduld ertragenen Leiden: Gott.

Klein, drunter: «Die Beisetzung findet heute nacht in aller Stille auf dem St. Zebedäusfriedhof statt.»
Siehste, denk ich, hats ihn auch geschnappt, den Alten; ja, ja.
Ich steck die Brille ins Futteral und steh auf.

Erstveröffentlichung: «Ja. Zeitung der jungen Generation»,
Berlin 1948, Nr. 3, S. 5. © by Marina Schnurre

Aber ansonsten war, was am Bannwaldsee gelesen wurde, wenig aufregend.[56] Mit Ausnahme der Gedichte von Ilse Schneider-Lengyel, die mit Schnurre befreundet war und in allen Darstellungen der Gruppe 47 immer nur als Gastgeberin der Ursprungsversammlung auftritt. Doch die 1903 in München geborene, sehr gebildete und distinguierte Kunstkritikerin und Fotografin, die zahlreiche Fotobände zur bildenden Kunst in Paris, London und München veröffentlicht hat und Richter beim *Ruf* kennen gelernt hatte, als sie ihm eine Erzählung zum Abdruck anbot, gehörte bis 1950 zu den regelmäßigen Teilnehmern der Tagungen; sie las fast immer: Erzählungen und Gedichte von beachtlicher Qualität.[57] Auf der Tagung in Marktbreit im April 1949 trug sie unter anderem dieses Gedicht vor:

wort
sprechunfähig fliegen die hexen aus den häusern
der eisenriegel der hütten kommt aus dem boden
man schütze sich gegen die hauchlosen lider
der wenn-wölfe das wort ist ein unerklärliches
geräusch krank wurde der mensch daran[58]

Damals waren solche vom Sprachskeptizismus und Surrealismus herkommenden Verse noch bloß hingenommene, wegen dieser Aspekte aber möglicherweise sogar willkommene Besonderheiten im literarischen Verständnis der Gruppe. Als Ilse Aichinger ihre surrealen Texte las, Wolfgang Hildesheimer aus seinen grotesken *Lieblosen Legenden* vortrug und Ingeborg Bachmann ihre Gedichte las, die von der Gruppe ausgezeichnet wurden, war Ilse Schneider-Lengyel schon nicht mehr unter den Vorlesenden und Zuhörenden der Gruppe.[59]

Was nun machte das Besondere an diesen Anfängen der Gruppe 47, die ja damals noch nicht so hieß, aus – jenes Besondere, das dann über Jahre hinweg die Tagungen der Gruppe 47 prägte? Richter hat die Atmosphäre der Sitzung am Bannwaldsee beschrieben: *So hocken wir im Kreis herum auf dem Fußboden in Ilse Schneider-Lengyels Wohnstube, manche mehr liegend als sitzend, hören zu, angestrengt, konzentriert, und nur selten geben wir unserer Zustimmung oder unserem Mißfallen durch Kopfnicken, Lachen oder irgendwelche Gesten*

Hans Werner
und Toni Richter

Ausdruck. Es gibt keine Zwischenrufe, keine Zwischenbemerkungen. Neben mir auf dem Stuhl nimmt der jeweils Vorlesende Platz. Es ist selbstverständlich, hat sich so ergeben. Nach der ersten Lesung – es ist Wolfdietrich Schnurre – sage ich: «Ja, bitte zur Kritik. Was habt Ihr dazu zu sagen?» Und nun beginnt etwas, was keiner in dieser Form erwartet hatte: der Ton der kritischen Äußerungen ist rauh, die Sätze kurz, knapp, unmißverständlich. Niemand nimmt ein Blatt vor den Mund. Jedes vorgelesene Wort wird gewogen, ob es noch verwendbar ist, oder vielleicht veraltet, verbraucht in den Jahren der Diktatur, der Zeit der großen Sprachabnutzung. Jeder Satz wird, wie man sagt, abgeklopft. Jeder unnötige Schnörkel wird gerügt. Verworfen werden die großen Worte, die nichts besagen und nach Ansicht der Kritisierenden ihren Inhalt verloren haben: Herz, Schmerz, Lust, Leid. Was Bestand hat vor den Ohren der Teilnehmer, sind die knappen Aussagesätze. Gertrude Stein und Ernest Hemingway sind gleichsam unbemerkt im Raum. Der Dialog, der Sprechstil dominiert. «Ja», sagte er, oder auch «Nein», und das «Nein» und «Ja» hat Bestand, aber schon die nächste Wortzusammensetzung,

«Ja, du Gute» wird hohnlachend verworfen. Wer sagt schon noch «du Gute», und wenn er es sagt, kann er es noch lange nicht schreiben, es sei denn ironisch, aber die Ironie ist abwesend in dieser ersten Zeit des Neubeginns.[60]

Es ist jene kollegiale handwerkliche Kritik am Manuskript, die im Rückblick von einigen Gruppenmitgliedern als typisch für «die ‹eigentliche›, naturwüchsige Geschichte der Gruppe 47 bezeichnet» wurde, weil damals der Charakter der Gruppentagungen noch «der Ursprungsintention als intimitätsgeschützter literarischer Werkstatt freundschaftlich verbundener Schriftsteller wirklich entsprochen habe».[61]

Und noch einmal der Zeitzeuge in eigener Sache, Hans Werner Richter: *Was bei allen ebenfalls unbemerkt zum Ausdruck kommt, ist die nur auf die Aussage zielende Sprache der «Landser», die Reduzierung der Sprache auf das Notwendige, eine Abkehr vom Leerlauf der schönen Worte und eine Hinwendung zu ihrem unmittelbaren Realitätsbezug. Sie haben es alle gelernt in der Masse des Volkes, in der sie gelebt haben, jahrelang, tagaus, tagein, in den Kompanien, in den Kasernen, in den Lagern und Gefangenenlagern. Sie haben in dieser Zeit immer am Rande der menschlichen Existenz gelebt. Das hat sie mißtrauisch und hellhörig gemacht.*

Ich empfinde es so in diesen Tagen. Aber es wird nicht darüber gesprochen. Es gibt kein Theoretisieren, nur Kritik am Gegenstand, an dem gerade Vorgelesenen. Und die Freude an der Kritik, an der alle teilnehmen, der gelesen hat, wie der, der noch lesen will. Woher kommt diese Lust am Kritisieren, diese Radikalität, diese Rücksichtslosigkeit gegenüber dem engsten Freund? Sie kommt auch für mich überraschend. Muß ich nicht eingreifen, um Streit, Gegnerschaft, ja Feindschaft unter den Anwesenden zu vermeiden? Nein, ich muß es nicht. Es gibt keinen Streit. Das Zusammengehörigkeitsgefühl ist auch nach dem härtesten Wort stärker als jeder aufkommende Mißmut. Oft genügt dann ein Wort von mir, aber es ist nur selten notwendig. Ich habe diese Radikalität im «Ruf» gefördert als Reaktion auf die kritiklose Zeit der Diktatur. Aber es ist noch etwas anderes: es ist die Begeisterung über den Aufbruch in eine neue Zeit, die so ganz und gar anders sein soll als die vergangene, verhaßte. Es ist das Erlebnis der neu gewonnenen Freiheit, die alles möglich macht.[62]

Das empfand auch Maria Friedrich im einzigen Bericht über diese Tagung: «Als sie zusammentrafen, wußte man sofort: Dies

Maria und Heinz Friedrich

sind Leute, die von ihrer Zeit geprägt sind. Nicht nur in ihren Worten, sondern auch in ihrer Kleidung, in ihren Bewegungen und in der Art, die Dinge an sich herankommen zu lassen, trat das in Erscheinung.

Es blieb alles zwanglos und beweglich. Man fand schnell zueinander. Fast alle hatten im *Ruf* geschrieben. Das war ein Ausgangspunkt. Man war sich darüber klar, daß diese neue Zeit anders lebt und erlebt und deshalb anders schreiben muß, daß eine Umwertung einsetzen muß, um ohne Ressentiment dem Leben gerecht zu werden.

Diese Voraussetzung bietet nur Möglichkeiten, engt in nichts ein. Das wurde klar, als es zum Diskutieren kam. Es wurde hart diskutiert, aber vom Lebendigen und Produktiven her. Nichts endete in dialektischen Sackgassen.»[63]

Vom Krieg und der Kriegsgefangenschaft geprägte Leute, also Männer allermeist, deren *Landser*-Sprache nur auf die Aussage zielte und auf das Notwendige reduziert war – sie teilten miteinander das Gefühl, einer Schicksalsgemeinschaft anzugehören.⁶⁴ «Die Landsererfahrung ist der Fonds, aus dem sich die Gemeinschaft des Lebensgefühls und der Grundorientierungen, schließlich die Poesie nach 1945 speist. [...] Die Authentizität des erlebten Kriegsschreckens wurde nicht nur das einende Band fürs Selbstverständnis, sondern bildete die Brücke, über die eine Reihe von Autoren, die ansonsten einen andersgearteten Lebensweg hinter sich hatten, in die frühe Gruppe 47 gelangen konnten. Ohne das ‹Landserschicksal› wäre etwa ein Schriftsteller wie Günter Eich nicht so ohne weiteres in die Gruppe 47 integriert worden.»⁶⁵ Denn Eich hatte als Einziger unter den Gruppenmitgliedern der ersten Stunde bereits eine literarische Biographie⁶⁶ – was freilich, da sie im «Dritten Reich» erworben wurde, nicht unproblematisch war. Doch die meisten, so Hans Werner Richter, waren literarische Anfänger und «Neulinge in der Kunst des Schreibens», und für das Lebensgefühl der Gruppe wirkte ihre «Selbstverortung als Junge Generation auf den engeren Bereich der literarischen Biographie» einend.⁶⁷

Es waren dieses gemeinsame Lebensgefühl und der Wunsch, gemeinsam eine Zukunft mitzugestalten, die noch, oder wieder, offen war, an der jedenfalls zu arbeiten war – die Vision einer Tabula rasa, des ‹Nullpunktes›, auch wenn sich der als Illusion erweisen sollte –, welche diese Gruppe junger Intellektueller von doch ziemlich unterschiedlichem Temperament und keineswegs konformen literarischen Vorstellungen beisammenhielten. Dieses Gefühl von Zusammengehörigkeit schuf eine Atmosphäre, die, viel mehr als merkantile Interessen, das Klima der Tagungen für viele Jahre bestimmte.

> **Günter Eich**
> **Latrine**
>
> Über stinkendem Graben,
> Papier voll Blut und Urin,
> umschwirrt von funkelnden
>   Fliegen,
> hocke ich in den Knien,
>
> den Blick auf bewaldete Ufer,
> Gärten, gestrandetes Boot.
> In den Schlamm der Verwesung
> klatscht der versteinte Kot.
>
> Irr mir im Ohre schallen
> Verse von Hölderlin.
> In schneeiger Reinheit spiegeln
> Wolken sich im Urin.
>
> «Geh aber nun und grüße
> die schöne Garonne –»
> Unter den schwankenden Füßen
> schwimmen die Wolken davon.
>
> Günter Eich: «Gedichte aus dem Lager», in: «Der Ruf», Nr. 7, 15. November 1946, S. 12

Am Bannwaldsee war etwas entstanden, was durch dieses Gefühl und diese Atmosphäre geboren und zusammengehalten wurde: eben die Gruppe 47.

Was aber geschah nach dem Treffen in Bannwaldsee? Die Intensität und der Enthusiasmus der dort erlebten Zusammenarbeit strahlten auf andere aus. Eine Euphorie setzte ein. Wenige Tage später kam Hans Georg Brenner zu mir, ein Schriftsteller der dreißiger Jahre, Kritiker und Rezensent. Er fragte mich: «Wie wollen Sie das denn nennen, diese Tagungen, falls Sie das wieder machen?» Ich wußte es nicht und fand auch einen Namen dafür nicht notwendig. Ich lehnte jede Organisationsform ab: Verein, Club, Verband, Akademie. Sie erschienen mir nicht mehr zeitgemäß und konnten dem nicht gerecht werden, was in Bannwaldsee entstanden war. Jedes Statut bedeutete Einengung und mußte die freie Entfaltung einer derartigen Kommunikation behindern. Spielregeln ja, aber nicht mehr, und auch diese Spielregeln mußten selbstverständlich entstehen, wie in den ersten Ansätzen in Bannwaldsee. Brenner erzählte von der Gruppe 98, die in Spanien nach dem verlorenen Kriege gegen Amerika entstanden war, und aus der Unamuno, Grasset und andere hervorgegangen waren. Diese «Gruppe 98» hatte zwei Ziele, die miteinander im Einklang standen: Erneuerung des gesellschaftlichen und politischen Lebens in Spanien und Erneuerung der spanischen Literatur. Das erschien mir gleich meiner eigenen Zielsetzung: radikale Erneuerung.

«Nennen Sie es doch ‹Gruppe 47›», sagte Brenner, und ich antwortete: «Ja ja, das könnte man tun. ‹Gruppe 47›, das ist ja völlig unverbindlich und besagt eigentlich gar nichts.»

Und so geschah es. Ich sprach nun von der «Gruppe 47», obwohl es sie gar nicht gab. Nach kurzer Zeit sprachen auch andere von einer «Gruppe 47». Niemand beanstandete es, niemand erhob dagegen Einspruch. Aber alle, die in Bannwaldsee teilgenommen hatten, fühlten sich nur als meine Gäste, nicht als Mitglieder einer «Gruppe 47». Es war und blieb meine Sache.[68]

Es blieb Hans Werner Richters Sache, mindestens zwanzig Jahre lang. Noch fünfzehn Jahre später, 1962, als die Gruppe 47 längst zur wichtigsten Institution des bundesrepublikanischen Literaturbetriebs geworden war und die politischen Aktivitäten ihrer Mitglieder immer wieder zu öffentlichen Angriffen auf diese Institution Gruppe 47 geführt hatten, beharrte Hans Werner Richter darauf: *Es ist eigentlich mein Freundeskreis. Und ... ich habe immer in meinem Leben gerne Feste gegeben und jetzt gebe ich einmal im Jahr ein Fest, das ist ... das nennt man die Gruppe 47, das Fest. Und ich lade alle Leute ein, die mir passen, die mit mir befreundet sind. Und wir lesen uns gegenseitig vor und amüsieren uns und reden sehr viel und tanzen abends. Und es ist ein Fest, das drei Tage dauert, und dann gehen wir alle wieder auseinander, und der Freundeskreis existiert immer und den nennt man Gruppe 47.*[69]

So hat Hans Werner Richter die Gruppe 47 bis zu ihrem Ende und lange danach definiert. Es war eine Formel, die ihm gestattete, eine Gruppe von Schriftstellern zwanzig Jahre lang zusammenzuhalten. Niemand konnte ihm seine Einladungspraxis vorwerfen, niemand ihm hineinreden, und er war niemandem verpflichtet. Natürlich ließ er sich, zumal später, als er nicht mehr den Überblick über die nachwachsende Literatur hatte, beraten, auf die Empfehlungen von Grass, Jens, Höllerer zum Beispiel hat er immer positiv reagiert. Und die meisten Eingeladenen kamen, es war später ja geradezu eine Auszeichnung, von Richter zur Gruppentagung eingeladen zu werden. Bewerben konnte man sich dafür nicht. Die so gepflegte Privatheit, die Richter für die Gruppe in Anspruch nahm, war wie ein Schutzwall[70] – gegenüber einzelnen Autoren, die gern in die Gruppe gekommen wären, ebenso wie gegenüber der Öffentlichkeit. So konnte Richter alle Angriffe von außen, zuerst von rechts, dann von Politikern, die sich über Einmischungen dieser Schriftsteller in ihre Geschäfte ärgerten, und später gegen Attacken von links abwehren. Und die Gruppe machte ihren Weg, sie wurde erfolgreicher, als sich das Richter anfangs gedacht haben mag.

PROBELAUF EINER ZEITSCHRIFT: «DER SKORPION»

Bereits zwei Tage nach dem Treffen am Bannwaldsee, am 9. September 1947, schrieb Hans Werner Richter an Walter Hilsbecher: *Der Kreis, der bisher in einem lockeren Zusammenhalt bestand, [hat sich] jetzt fest konsolidiert. Wir haben uns vorgenommen, ein solches Treffen von nun ab möglichst alle sechs Wochen hier im Süden durchzuführen. Die nächste Zusammenkunft wird voraussichtlich Ende Oktober in einem Landhaus in der Nähe von Ulm stattfinden.*[71]

Während Richter dieses Treffen, die zweite Tagung der Gruppe 47, vorbereitete, die am 8. und 9. November 1947 bei Odette und Hanns Arens im Haus «Waldfrieden» in Herrlingen bei Ulm stattfand, entstand in München die Probe-Nummer des *Skorpion*[72].

Ihre graphische Gestaltung hatte Franz Wischnewski übernommen, er hatte auch schon den *Ruf* graphisch entworfen. Ein junger Drucker der Münchner Buchdruckerei und Verlagsanstalt Carl Gerber, Hans Pribil, besorgte in seiner Freizeit Satz und Umbruch und druckte 100 Exemplare; die ersten hat Hans Werner Richter am 17. November 1947 verschickt.

Die Zeitschrift *Skorpion* freilich ist nie erschienen – das Einzige, was von ihr existiert, ist ihre legendäre Null-Nummer. Hans Werner Richter hat als Grund dafür immer angegeben, er habe von den amerikanischen Behörden keine Lizenz für den *Skorpion* bekommen: *Kurz darauf erhielt ich einen Bescheid der amerikanischen Militärregierung: Die Lizenz für die literarische Zeitschrift «Der Skorpion» wurde mir verweigert. Begründung: Nihilismus. Diese Begründung hatte ein deutscher Mitarbeiter der Militärregierung entworfen. Er hieß Prager; an seinen Vornamen erinnere ich mich nicht mehr. So waren wir ohne Zeitschrift, ohne die Möglichkeit, unsere eigenen Arbeiten zu veröffentlichen. Es blieb nur die Kommunikation im eigenen Kreis: Vorlesen und Kritisieren, [...] als Ersatz für eine literarische Öffentlichkeit, die es nicht gab.*[73]

Die Nullnummer des «Skorpion»

Obwohl Richter die Ablehnung einer Lizenz für den *Skorpion* noch 1979 so genau beschrieben hat, ist die Frage nach der tatsächlichen Ursache für die Verhinderung des *Skorpion* im Jahre 1947 nicht eindeutig zu beantworten. Richters Datierung für den Ablehnungsbescheid – *Kurz darauf* – kann sich, wenn man seinen Erzählungen folgt, nur auf den Herbst 1947 beziehen; doch ein Beleg dafür, etwa der von Richter erwähnte, offensichtlich schriftliche *Bescheid*, hat sich im Archiv der Gruppe 47 [74], das freilich Lücken hat, nicht gefunden. Aber auch in der Korrespondenz Richters während des gesamten zweiten Halbjahres 1947 taucht nie ein Hinweis darauf auf, dass die Lizenzierung des *Skorpion* abgelehnt wurde. Wohl aber gibt es noch bis in den Dezember hinein intensive Korrespondenzen Richters mit verschiedenen Verlagen, die er für die Übernahme des *Skorpion* zu interessieren versuchte und die sich an der Zeitschrift durchaus interessiert zeigten. Keiner dieser Verlage hat den *Skorpion* schließlich herausgebracht. Die tatsächlichen Gründe dafür lassen sich nicht mehr genau ermitteln. Ein wichtiger Grund für das Zögern der Verlage, die Zeitschrift zu übernehmen, war auch die damalige Kontingentierung der Papierzuteilung: Richter hatte für den *Skorpion*, der monatlich erscheinen sollte, eine Auflage von 40 000 Exemplaren im Sinn; für deren Druck hätte es eines großen Teils des erreichbaren Papiers bedurft, und die Fähigkeit von Verlagen, andere Bücher herauszubringen, wäre, hätten sie den *Skorpion* gedruckt, erheblich eingeschränkt worden.

Was Richter mitteilt, dass er nämlich keine Lizenz für den *Skorpion* bekommen habe bzw. sie ihm expressis verbis verweigert worden sei, ist auch aus anderen Gründen fragwürdig. Denn es findet sich unter seinen Papieren auch kein Brief Richters, in dem er um eine Lizenz nachgesucht hat. Im Übrigen hätte gar nicht Richter, vielmehr hätten sich die von Richter umworbenen Verlage um eine Lizenz für den *Skorpion* bemühen müssen, wenn sie ihn denn hätten herausbringen wollen; denn Lizenzen wurden Verlegern erteilt, nicht aber Herausgebern, die ja von Verlegern berufen bzw. entlassen wurden, wie der Fall Andersch / Richter beim *Ruf* ein paar Monate zuvor gezeigt hatte. Dass Richter aber selbst einen Verlag für den *Skorpion* zu gründen beabsichtigte, hat er nie gesagt und wohl auch nie überlegt, jedenfalls steht davon in der gesamten Richter'schen Korrespondenz kein Wort. Im Gegenteil: Er bemühte sich ja nachdrücklich um einen Verlag, und bereits am 22. August 1947, als die Verhandlung mit Stahlberg geplatzt war, schrieb er an Ernst Wilhelm Geisenheyner vom Rowohlt Verlag, er würde die Zeitschrift nach dem 28. August 1947 *dem Rowohlt-Verlag übergeben*[75]. Da war von eventuellen Problemen einer Lizenzierung keine Rede.

Letzte Klarheit darüber, warum der *Skorpion* nicht, wie geplant und auf der Null-Nummer vermerkt, zum 1. Januar 1948 erschienen ist, gibt es nicht. Ich vermute: Weil sich, aus möglicherweise unterschiedlichen Gründen, so schnell kein Verlag für den *Skorpion* fand und Richter seine Aktivitäten dann auf andere Projekte richtete: auf das Schreiben eigener Bücher und auf journalistische Arbeiten. Und auf die Gruppe 47, deren Antrieb und Motor er zwanzig Jahre lang blieb.

Als schließlich im Sommer 1948 vom Walter Lehning Verlag eine Lizenz für den *Skorpion* beantragt und bald darauf auch gewährt wurde, hatte Richter das Interesse daran offenbar längst verloren.[76] Und er hatte zum vierten Treffen der Gruppe 47 nach Altenbeuern eingeladen.

ALFRED ANDERSCHS POETOLOGISCHER ENTWURF

Dem Treffen am Bannwaldsee folgte schon zwei Monate später die zweite Tagung in Herrlingen bei Ulm. Noch galt, was Richter danach in einem Interview der «Neuen Zeitung» mitteilte: Der *Skorpion* werde die Zeitschrift für *die jungen Schriftsteller sein*, die *etwas zu sagen haben* und deren Sprache *modern*, d. h. *realistisch* sei.[77] Richter verteilte dort 100 Exemplare seiner Null-Nummer.

Die Gruppe traf sich am 8. und 9. November im «Haus Waldfrieden» von Odette und Hanns Arens: Inge Scholl, die Schwester von Sophie und Hans Scholl, die von den Nazis wegen ihres Engagements in der «Weißen Rose» umgebracht worden waren, hatte Hans Werner Richter vorgeschlagen, die Tagung dort abzuhalten; und Freia von Wühlisch, die bei der Bannwaldsee-Tagung dabei gewesen war und zu Sophie Scholls und Arens' Freundeskreis gehörte, vermittelte dann die Einladung nach Herrlingen und arrangierte nach Richters Zustimmung das Treffen.

Wusste Richter nicht, wer Arens war? Hanns Arens war freier Schriftsteller, Herausgeber und Buchhändler gewesen. Noch 1932 hatte er ein Buch über Stefan Zweig veröffentlicht, den er seit 1920 kannte. Nach 1933 schrieb er im «Völkischen Beobachter» und spielte in den späten dreißiger Jahren als Autor und Verleger eine eher zwielichtige Rolle; er wurde protegiert von dem SS-Sturmbannführer Hans Hinkel.[78] Später wurde Arens Lektor im 1949 neu eröffneten Bechtle Verlag[79], der vor allem die Lyrik junger Autoren verlegte.

Diesmal waren es nun schon fast doppelt so viele Teilnehmer wie beim ersten Mal. Es lasen: Walter Hilsbecher und Wolfgang Bächler mit großem Erfolg Gedichte, Heinz Ulrich *stark kritisierte* Prosa, Walter Kolbenhoff zwei Kapitel aus seinem Roman *Heimkehr in die Fremde*, die gleichermaßen auf Zustimmung und Ablehnung stießen, Dieter Wys-Sonnenberg surrealistische Traumskizzen, die *niemand verstand*. Und Richter selbst trug zwei Erzählungen von Schnurre vor, der sich die Fahrt nach Ulm nicht leisten konnte – eine wurde abgelehnt, die andere, *Wiedereinführung der Wehrmacht*, fand Zustimmung, sie forderte Richter in seinem Rechenschaftsbrief[80] an Schnurre für den Abdruck im *Skorpion* ein.

Ein anderer Beobachter der Tagung schrieb: *Die Sujets entstammten fast alle der Gegenwart. Sie wurden mit einer eindringlichen, unverhüllten, fast verbissenen Wahrheitsliebe angepackt. Experimentierend bemühte man sich, die Grenzen des Sagbaren vorzuverlegen. Eine neue Sprache, unserem bedrohten und illusionslosen Zeitalter angemessen, wurde vernommen. Nur weniges zeigte schon jene hohe formale Vollendung, die der vergangenen Epoche so durchaus eigen gewesen war. Aber dafür zielten die Versuche darauf, auszusagen, was die Zeit verlangte. Sie standen unter der Herrschaft eines weitgespannten, mitunter fast unbarmherzigen Willens zur Klarheit und Präzision, zur Bewußtheit eines Willens, der alles Windschiefe und Wolkige ausschloß, dem es um Wahrheit und Echtheit ging.*[81] Da war Richter intern kritischer. Das, was das Gruppenmitglied Friedrich Minssen in den «Frankfurter Heften» über diese Tagung mitteilte, liest sich nicht wie ein kritischer Bericht, sondern noch wie eine Poetologie der frühen Gruppe.

Erstmals war auch Alfred Andersch dabei, der ein paar Wochen zuvor Richters Angebot, in der Redaktion des *Skorpion* mitzuarbeiten, abgelehnt hatte: «*Es dichtet*» *zu stark in mir, vielleicht scheitere ich dabei, dann ist es eben mein Schicksal gewesen, daran zu*

Alfred Andersch und Walter Kolbenhoff, 1948

*scheitern.*⁸² Bei diesem Treffen jedenfalls scheiterte Andersch mit dem, was er vorlas: Seine Erzählung *Heimatfront* fiel durch⁸³, eine «Liebesgeschichte zwischen einer Gestapoagentin und einem Soldaten aus dem Umkreis der Verschwörung des 20. Juli», erzählt aus der Perspektive zweier Erzähler, der Agentin und des Soldaten.⁸⁴ «Nur mühsam und im Zorn ertrug er die barsche Kritik und verließ danach sofort den Raum.»⁸⁵ Ein anderer als Andersch wäre danach von Richter wohl nicht wieder eingeladen worden.

Aber Andersch hatte mit einer anderen Vorlesung Erfolg. Am Abend des 9. November, sonntags, gab der Ulmer Oberbürgermeister Robert Scholl, der Vater der Geschwister Sophie und Hans Scholl, im Ulmer Ratskeller einen Empfang für die Gruppe. Dort trug Andersch seinen Essay *Deutsche Literatur in der Entscheidung*⁸⁶ vor, der *mit spontaner Begeisterung aufgenommen wurde*⁸⁷.

Der Essay baut auf Anderschs Überzeugung auf, dass Literatur in jeglicher Situation abhänge von der persönlichen Entscheidung ihrer Verfasser, und das treffe auf alle Literatur der vergangenen zwanzig Jahre zu, besonders aber auf die Literatur jener, die sich einer «Inneren Emigration» zurechneten – einer *geistigen Distanz von dem System der Despotie*. Doch das sei trivial: *Denn deutsche Literatur, soweit sie den Namen einer Literatur noch behaupten kann, war identisch mit Emigration, mit Distanz, mit Ferne von der Diktatur. Das muß einmal ausgesprochen und festgehalten werden, daß jede Dichtung, die unter der Herrschaft des Nationalsozialismus ans Licht kam, Gegnerschaft gegen ihn bedeutete, sofern sie nur Dichtung war.*[88] Danach klassifiziert Andersch die *Volkstümler* wie Hans Grimm und Kolbenheyer; die *Nachkommen der bürgerlichen Klassik* wie Gerhart Hauptmann, R. A. Schröder, Hans Carossa, deren *klassizistischer Formalismus* sie von den *wirklich bewegenden Kräften isoliert hatte* und deren Sprache sie *nicht in die Konzentrationslager, sondern in die Einsamkeit* geführt habe; die ‹geschickten› Widerständler wie Stefan Andres, Horst Lange, Martin Raschke, die *ihre Unabhängigkeit von der Reichsschrifttumskammer wahrten*; die angebliche *Konversion Ernst Jüngers* schließlich sei *das letzte Schlußstück*, das Anderschs These beweise, *daß echte Künstlerschaft identisch war mit Gegnerschaft zum Nationalsozialismus.*

Im zweiten Teil betont Andersch immerhin den Wert der Literatur jener, die Deutschland verlassen hatten: *Die Emigration war es, die das internationale Ansehen des deutschen Namens wenigstens teilweise retten konnte.* Ein verhaltenes Lob gilt Thomas Mann, dem größten lebenden Autor deutscher Sprache, dessen Werk gleich dem Hesses und Brochs *alle Tendenzen der humanistischen Tradition vollendet und die Zugehörigkeit Deutschlands zur atlantischen Kultur* unter Beweis gestellt habe; aber er habe der jungen Generation kaum mehr etwas zu sagen. Kritisch wird die *realistische Tendenzkunst* Heinrich Manns, Arnold Zweigs, Franz Werfels und Alfred Döblins gesehen – sie habe sich in der Emigration isoliert, sei in historische Themen ausgewichen. Dagegen hätten die proletarischen Schriftsteller, Anna

Die Buchveröffentlichung von Alfred Anderschs Vortrag, 1948. Umschlagentwurf: Martin Andersch

Seghers, Theodor Plievier, Willi Bredel, Oskar Maria Graf, mit ihrem *nüchternen Realismus* zielsicher *das deutsche Problem* umkreist. Und Brecht – *rücksichtslos, alle Formen sprengend, antihumanistisch und revolutionär* – könnte als *Gegenpol alles Traditionalistischen und ‹Klassischen›* ein *Richtpunkt und Rückhalt der jungen Generation gegen die lastende Masse eines sogenannten Kulturerbes werden.*

Im dritten Teil situiert Andersch die *Deutsche Literatur im Vorraum der Freiheit.* Denn im Grunde habe der Widerstand die Kraft der überkommenen Literatur verzehrt, sodass nun *die junge Generation vor einer tabula rasa* stehe, *vor der Notwendigkeit, in einem originalen Schöpfungsakt eine Erneuerung des deutschen geistigen Lebens zu vollbringen.* Aber noch unterstehe der Schriftsteller der den *eigenen imperialistischen und kapitalistischen Bankrotteuren* verdankten *Kolonialität* der Besatzung, die *den Kampf um die geistige Freiheit* so kompliziert mache. Alte *Ruf*-Positionen werden bezogen: gegen die flache Volkserziehung (*Rück-Erziehung*) durch die Amerikaner, aber auch gegen Nationalismus und Ressentiment. Die Freiheit könne nur *aus dem Geist der unerbittlichen Selbstkritik heraus erreicht werden.*

Der Schluss mündet in ein von Sartre gespeistes existenzialistisches Programm: Losgelöst von den ideologischen Systemen erst gewinne der Mensch die *Bindung an jenen letzten Wert*, den er *als Träger einer absoluten Freiheit besitzt.* Und indem das *existentielle Denken* an die *persönliche Entscheidung* appelliere, weise es *der menschlichen Freiheit den beherrschenden Platz* an: Freiheit und Existenz seien eines. Auf dem Grunde solcher Erkenntnis nur könne eine künftige Literatur der Freiheit entstehen.

Verständlich, dass eine solche Definition ihrer Ausgangslage, die sie ja als Tabula rasa und Nullpunkt setzte, die Gruppe 47, die sich als die junge Generation empfand, begeistert hat. Indem Andersch die ‹alte› Literatur jedweder Provenienz benannt und klassifiziert, eingetütet und abgelegt hatte, konnte sich diese junge Generation unbekümmert der Zukunft zuwenden, ohne die eigenen Verstrickungen auch nur zu überdenken – der Appell zur Selbstkritik blieb unbeantwortet. Von den deutschen Verbrechen war keine Rede mehr; von der Vernichtung des europäischen Judentums handelte kein Roman, spielte kein Stück aus den Federn der Gruppe in den ersten Jahren.

Was die Teilnehmer dieser Tagung kollektiv am poetologischen Zukunftsentwurf Anderschs feierten, waren eine wiedergewonnene Subjektivität und eine angeblich damit verbundene Freiheit zur individuellen Entscheidung, war der angeblich von keiner Ideologie mehr verstellte Blick auf die Zukunft: *Die Verachtung aller überkommenen formalen Gesetze ist jedenfalls groß. Man spürt, daß die alten Formen den geistigen Inhalt der neuen Zeit nicht tragen können. So wenden sich einige der neuen Schriftsteller, wie etwa Ernst Kreuder und Wolfdietrich Schnurre, deutlich zum Surrealismus und zur Phantastik. Der Hauptstrom scheint aber instinktiv zum reinen Realismus hinzudrängen, bemüht, diesen mit neuen Formen, mit der Intensität unmittelbarer Erlebniskraft zu füllen.*[89] Und Andersch nennt als Autoren dieses *reinen Realismus* Theodor Pliviers Roman *Stalingrad*, Walter Kolbenhoffs Roman *Von unserem Fleisch und Blut* und die Erzählungen Wolfgang Borcherts, Heinz Ulrichs und Wolfgang Weyrauchs, aber auch die Gedichte Günter Eichs.

Dieser *reine Realismus*, den Andersch als literarisches Programm forderte, richtete sich freilich auf die eigene Gegenwart, grub nicht in der blutgetränkten Erde einer tief versehrten Welt.[90]

Als nämlich fünfzehn Jahre später Hans Werner Richter eine erste Bestandsaufnahme im *Almanach der Gruppe 47* vorlegte, musste Fritz J. Raddatz in seiner Einführung zu den abgedruckten Texten, die als typisch für die bis dahin in der Gruppe gelesene Literatur standen, bekennen: *Zeit, Erinnerung, jene Tage – wir erleben bei der Lektüre dieser Textsammlung etwas Unerwartetes, fast Nimbus-Zerstörendes: [...] In dem ganzen Band kommen die Worte Hitler, KZ, Atombombe, SS, Nazi, Sibirien nicht vor – kommen die Themen nicht vor. [...] Ein erschreckendes Phänomen, gelinde gesagt. Die wichtigsten Autoren Nachkriegsdeutschlands haben sich allenfalls mit dem Alp der Knobelbecher und Spieße beschäftigt; die Säle voll Haar und Zähnen in Auschwitz oder die Pelztier-Mentalität des tagebuchführenden SS-Professors Kremer – «Blaubeeren sind teurer geworden. Sechzehn frische Judenlebern seziert. Frau Schulz schickte gestern gute Wollsocken.» – wurden nicht zu Gedicht oder Prosa.*[91]

Es gab Ausnahmen, Raddatz erwähnt sie. Aber generell blieb die Literatur der 47er cum grano salis viele Jahre blind gegenüber jener Geschichte des Terrors und des Holocaust, in der ihre Autoren ja anwesend waren, manche als Soldaten, andere als bloße Mitläufer, und deren mangelnde Aufarbeitung zu ihrer Zeit dann die Eruptionen einer neuen Generation zur Folge hatte, die in den späten 1960er Jahren die deutsche Gesellschaft erschütterten und in deren Sog auch die Gruppe 47 verschwand.

HANS WERNER RICHTER: BESCHAFFENHEIT EINES CHEFS

Alfred Andersch war, verglichen mit dem pragmatischen Hans Werner Richter, der sich mit den Realitäten arrangieren konnte, der weitaus reflektiertere, auch theoretisch versiertere Kopf. Deshalb hätte Andersch die Gruppe 47 nie so formieren, leiten und durch die Zeit begleiten können wie Richter. Dafür fehlte Andersch die Nonchalance: *Er war das Gegenteil von mir, der ich in keiner Hinsicht der Ordnung gewachsen war. Wo ich manches gehen ließ, aus Toleranz oder weil es mir lästig war oder auch vielleicht aus Nachlässigkeit, neigte er zur Strenge, die sich bis zu zornigen Ausbrüchen steigern konnte, manchmal eine Art Jähzorn, der ihn selbst irritierte.*[92] Außerdem war Andersch als Schriftsteller überaus ehrgeizig, und er hatte sich ja fürs Schreiben entschieden. Er wollte literarischen Ruhm, maß sich an Thomas Mann, später mit Ernst Jünger. Das duldete keine Verrisse in der Gruppe, und einen hatte er ja schon hinter sich und ziemlich schlecht vertragen.

Richter reagierte anders. Er hatte nicht denselben literarischen Ehrgeiz. So nahm er es gelassen hin, als er bei der nächsten Tagung, in Jugenheim an der Bergstraße, durchfiel: *Sie brachte mir die erste Niederlage in diesem Kreis. Ich fiel mit meiner eigenen Lesung «durch», sanft zwar, doch für alle sichtbar, hörbar, spürbar. Ich las zwei Kapitel aus dem später erschienenen Roman «Die Geschlagenen». Da niemand während meiner Lesung die Leitung übernehmen wollte, setzte ich mich auf den neben mir stehenden Vorlesestuhl, und nach Ende meiner Lesung wieder zurück auf meinen Diskussionsleiterstuhl, und sagte: «Ja, bitte, zur Kritik.» Was dann folgte, war hart, aber ich mußte es schweigend hinnehmen wie alle anderen. «Lauter Klischees», sagten die kritisierenden Autoren, «ein Klischee nach dem anderen.» Gleich nach der Tagung warf ich alles, was ich bis dahin geschrieben hatte, in den Papierkorb.*[93]

Auch ein zweiter Versuch auf einer späteren Tagung misslang: Inzwischen als Chef der Gruppe 47 gleichsam unanfechtbar, empfand sich Hans Werner Richter als Schriftsteller auch nur als einer unter den anderen. Das wäre für Andersch nicht in Frage gekommen.

Richter war, was für die Existenz der Gruppe wichtig wurde, auch ein genialer Pragmatiker der Kommunikation. Das belegen sehr eindrucksvoll seine Briefe. Auch beim Briefeschreiben ging es ihm nicht, wie oft bei Andersch, um die Herstellung von Kunst, sondern um bloße Mitteilung; und auch nicht eigentlich um Literatur oder Politik, sondern fast immer um deren Organisation. Wo, ohnehin selten, literarische, politische, ideologische oder moralische Fragen inhaltlich diskutiert wurden, blieb deren Erörterung sehr allgemein, verlief auf dem Niveau eines eher oberflächlichen Konsenses, der ein tieferes Durchdenken nicht wirklich erkennen ließ. Literatur und Ästhetik erscheinen meist als Funktion von Gesellschaft oder Politik und wurden hinsichtlich organisatorischer Probleme besprochen.

Dabei war Richter stets sympathisch offen, burschikos, in sachlicher Hinsicht durchaus empfänglich für Kritik; und er wirkte auf eine schon fast prinzipielle Weise frei von Ressentiments. Was ja zuinnerst auch mit seinem programmatischen Verhältnis zur Kritik zusammenhing, die, mehr als die Literatur selbst, das beherrschende Element der Gruppe 47 war. Wie Kritik geübt und vor allem wie sie ertragen wurde, das entschied meist über die Mitgliedschaft von Autoren in der Gruppe. Schon am 26. November 1947, wenige Tage nach Herrlingen, formulierte Richter dieses Credo: *Für mich ist die Literatur neben allem anderen auch eine Form des lebendigen Gesprächs und der immer wachgehaltenen Kritik von Mensch zu Mensch. Nach diesem Gesichtspunkt setzt sich auch die Gruppe 47 zusammen. Natürlich geht die Kritik innerhalb der Gruppe bei solchen Zusammenkünften im wesentlichen von formalen Gesichtspunkten aus. Aber ich glaube, keiner von uns, auch die stärksten Begabungen unter uns nicht, sollten sich einer solchen Kritik entziehen, da alle am Anfang stehen. Es ist nun einmal so, dass jede neue literarische Entwicklung in Deutschland zuerst und vor allen Dingen einmal einer scharfen, gerechten und reinen Kritik bedarf. Das ist der Grundsatz, nach dem sich die Leute der Gruppe 47 zusammengefunden haben.*[94]

Aber auch diese Kritik hat Richter fast nie selbst geübt, sondern, eben in der Gruppe, bloß moderiert, also organisiert. Weniger noch denn als Schriftsteller hat er als Kritiker markante Spuren hinterlassen.

Richter ließ sich auch ungern in die Karten gucken – zu weit meinte er sein Innerstes wohl nicht öffnen zu dürfen, denn mit zu vielen unterschiedlich Interessierten und zu sehr verschiedenen Charakteren hatte er in der Gruppe ständig zu tun. Daher war, was man ein erstaunliches Oberflächen- und Unschärfephänomen nennen möchte, auch so etwas wie ein Schutz für ihn.

Aber zugleich entsprach sein Verhalten vermutlich seinem Wesen. Ihm entsprang auch sein leichthändiger Umgang mit dem Schreiben, was Alfred Andersch, längst Rundfunkredakteur in Stuttgart, noch am 2. August 1954 streng kritisierte: *Eines aber muss ich Dir ganz offen sagen: wenn Du die Arbeit des Hörspiel-Schreibens, des Nachtstudio- und Filmexposé-Schreibens als pure Neben- und Geldverdien-Arbeit neben Deiner eigentlichen Arbeit siehst, dann hör sofort damit auf! Eine solche Einstellung ist einfach falsch und verdirbt auf die Dauer den Charakter und das Talent. Für mich ist ein Hörspiel oder ein Feature oder ein Zeitungsartikel als Kunstwerk einem Roman völlig gleichwertig, d. h. ich werde in jedem Fall versuchen, so genau wie möglich zu schreiben. [...] Es ist natürlich ein grosser Unterschied, ob ein Künstler seine Arbeit unter dem Gesichtspunkt des Erfolgs sieht, oder unter dem des Kunstwerks, d. h. ob er Erfolg haben oder seine Vision verwirklichen will. Der Anblick eines um den Erfolg ringenden Kollegen stimmt mich immer zum Hohngelächter.*[95]

Richter ging es wohl immer um den Erfolg – seine Arbeit war auf Wirkung angelegt, drängte nach außen. Deshalb konnte auch die Gruppe 47 so sehr das Zentrum seiner organisatorischen Produktivität werden, dass sie für ihn das Gewicht eines Lebenswerks gewann.

Andersch wollte mehr, wollte wie immer über sich hinaus, nicht nur als Schriftsteller. Er wollte auch mehr mit der Gruppe: eine Art Akademie[96], wie sie Frankreich seit Jahrhunderten besaß, einen Treffpunkt der geistigen Elite, von dem Ausstrahlung ausgehen sollte auf die deutsche Gesellschaft und auf die deutsche Kultur. Richter blieb nüchterner. Und die Geschichte hat seinem Pragmatismus Recht gegeben. Allerdings mit einer Einschränkung: Das andere, das Andersch wollte, wurde nicht versucht.

Die Gruppe 47 etabliert sich

Realismusdebatten

Anderschs Herrlinger Vortrag *war der einzige Essay, der in diesen Jahren gelesen wurde. Essays führen – so argumentierte ich – zu Grundsatzdiskussionen, von denen es in anderen Gremien mehr als genug gab. Wir wollten sie nicht.*[97] Richter wollte in der Gruppe überhaupt keine Grundsatzdiskussion haben, weder über ästhetische noch über politische Fragen; er befürchtete, solche Auseinandersetzungen würden die Gruppe auseinander reißen. Denn die Gruppe war ja auf beiden Feldern – dem literarischen wie dem politischen – durchaus heterogen. Deshalb sollten nur die vorgelesenen Texte besprochen und kritisiert werden, hart am Wort und am Satz. Das Schreibhandwerk stand zur Debatte, nicht der Anlass oder das Ziel des Schreibens.

Aber Richter war auch kein theoretischer Kopf, vermutlich hätte er Grundsatzdebatten argumentativ nicht in die Tiefe führen und deshalb wohl auch nicht in den Griff bekommen können. Ich denke, ihre Ablehnung entsprang einer weisen Notwendigkeit, einer persönlichen Entscheidung, die auf die Herrlinger Erfahrung zurückging. Obwohl Anderschs Thesen damals nicht kontrovers diskutiert worden sind, gab es ja einen erheblichen Dissens zwischen seinen und Richters Thesen zum Realismus.

So hatte Hans Werner Richter schon ein halbes Jahr zuvor in seinem letzten großen *Ruf*-Artikel *Literatur im Interregnum* gefordert: *Realismus – das bedeutet Bekenntnis zum Echten, zum Wahren und zur Wirklichkeit des Erlebten, das bedeutet, daß sich die Sprache dem Gegenständlichen anpaßt wie ein festgeschneidertes Kleid, das bedeutet die unmittelbare Aussage und die lebendige Gestaltung. Das Ziel einer solchen Revolution aber kann immer nur der Mensch sein, der Mensch unserer Zeit, der aus der Verlorenheit seiner zertrümmerten Welt nach neuen Bindungen strebt. Er, der durch die Konzentrationslager und über die Schlachtfelder unserer Zeit ging, der seine Existenz in den Nächten des Massensterbens nur noch wie einen irrationalen Traum empfand, er verlangt zu seiner Gestaltung mehr als den einfachen Rea-*

Lesung der Gruppe 47 in Marktbreit, 1949

lismus der Vergangenheit. Die Aufgabe einer neuen Literatur wird es sein, in der unmittelbaren realistischen Aussage dennoch hinter der Wirklichkeit das Unwirkliche, hinter der Realität das Irrationale, hinter dem großen gesellschaftlichen Wandlungsprozeß die Wandlung des Menschen sichtbar werden zu lassen. Das Leben unserer Zeit als das Erlebnis des Menschen unserer Zeit in seinen Tiefen und Höhen, seiner Tragik und seiner Verworrenheit als Ganzes ganz zu erfassen und zu gestalten, das mag man vielleicht noch als Realismus oder als magischen Realismus oder als Objektivismus bezeichnen – es ist dennoch nichts anderes als der Weg aus dem Vakuum unserer Zeit zu einer neuen Wirklichkeit.[98]

Auch Richter suchte im realistischen Schreiben die Wirklichkeit hinter der Wirklichkeit (aber welche Literatur, die wirklich Literatur ist, sucht die eigentlich nicht?) – doch diese Wirklichkeit blieb existenzialistisch unbestimmt. In Anderschs Realismusbegriff kam zum Ethos der allgemein gesellschaftlichen und individuell menschlichen Wahrhaftigkeit noch eine wesentliche metaphysische Komponente, die freilich nirgends genau formuliert ist – vermutlich weil sie auch nicht genau zu bestimmen war: *Aber wichtiger noch als die Bewältigung solcher künstlerischen Probleme ist die große Aufgabe, die vor dem deutschen Schriftsteller steht: sich seiner allgemeinen Lage bewußt zu werden. Diese Lage hat ihre gesellschaftliche und ihre metaphysische Seite, und beide durchdringen und ergänzen einander.*[99]

Sieht man aber einmal von den theoretischen Formulierungen ab, die doch ziemlich allgemein und auch ziemlich austauschbar waren – das ist allerdings in den meisten Realismusdebatten so –, und vergleicht diese scheinpoetologischen Überlegungen mit der tatsächlich geschriebenen Literatur, so hatte das, was Andersch, und das, was Richter als Realismus in ihre eigenen Schreiberfahrungen abgeleitet haben, nur wenig miteinander gemein. Richters Schreiben kam vom Journalismus her, seine Sprache beanspruchte keinen Eigenwert, sie war schlicht, zielte auf die Wirklichkeit, wie sie angeblich erlebt wurde; das war kein neues Realismuskonzept – nur die Inhalte waren anders, weil nun die Wirklichkeit des Krieges und der Nachkriegszeit zu erzählen war. Andersch schrieb komplexer als Richter, er entwickelte bewusst einen Stil, der literarischen Selbstwert behaupten wollte. Richter schrieb von der Sache her, Andersch auf einen Stil hin.

Keiner von ihnen aber folgte einem wirklich neuen Realismus. Immerhin legten Richters und Anderschs Erörterungen, vielleicht gerade wegen der Vagheit ihrer Realismusdefinition, aber auch wegen deren impliziter, wenngleich ebenso vager moralischer Position, die Grundlagen für das literarische Selbstverständnis, von dem die Gruppe noch viele Jahre zehren konnte. In ihm schrieben viele, die damals in der Gruppe 47 vorlasen und diskutierten, ihre unterschiedlichen ‹realistischen› Texte.

Als Andersch in Herrlingen Günter Eich als Lyriker des neuen ‹reinen› Realismus bezeichnet hatte, bezog sich das auf Gedichte, von deren Art Eich freilich nur ganz wenige geschrieben hat, wie «Inventur» und «Latrine»[100].

Das Gedicht «Latrine» artikulierte den notwendigen Bruch mit der literarischen und damit im weiteren Sinn kulturellen Konvention und beharrte zugleich auf einem betont lyrischen, jedoch weltzugewandten und drastisch verstärkten Sprechen – ein Musterbeispiel für Anderschs und Richters Thesen auch für die Lyrik. Aber dabei blieb es ja nicht.

Zwar konsolidierte sich die Gruppe auf den nächsten Tagungen, die anfangs noch halbjährlich stattfanden – in Jugenheim, da war Günter Eich zum ersten Male dabei[101], in Altenbeuern, Marktbreit und Utting –, denn im Wesentlichen kamen immer wieder dieselben Autoren zusammen, die sich um *Ruf* und *Skorpion* gefunden hatten. Doch schon im Sommer 1949 konnte Andersch in einer Sendung über die Gruppe 47 in dem von ihm geleiteten Abendstudio von Radio Frankfurt am Main sagen: *Daß es sich bei der Gruppe 47 nicht um eine literarische Clique handelt, beweist die Entwicklung des Schaffens der einzelnen Angehörigen der Gruppe, die formal und inhaltlich eher auseinander- als zusammenführt. Man könnte diese Entwicklung schlagwortartig umreißen mit den Worten: Vom Borchertismus zur individuellen Form. [...] das dichterische Schaffen der neuen Kräfte in Deutschland [nimmt] heute wieder eine Vielfalt von Formen an.*[102]

Diese Vielfalt hat sich mit den Jahren immer mehr ausdifferenziert. Zwar schrieb Hans Werner Richter in seiner Einleitung zum *Almanach der Gruppe 47* noch 1962: Die Gruppe 47 *wurde [...] von derselben Mentalität geprägt. Sie hat im Lauf der fünfzehn Jahre ihres Bestehens viele Mutationen durchgemacht. Ihre ideellen Ausgangspunkte aber blieben immer erhalten.*[103] Doch das bezog sich auf die Organisations- und Arbeitsform, die *Elitenbildung auf dem Gebiet der Literatur und der Publizistik*[104] und auf die besondere Form der Kritik, die in der Gruppe geübt wurde. Und es bezog sich auf ein paar politisch-literarische Grundsätze: weder faschistische noch militaristische Texte zuzulassen.

Auf die Literatur, die die Mitglieder der Gruppe 47 schrieben, konnte sich das nicht beziehen. Denn als Fritz J. Raddatz die im *Almanach der Gruppe 47* von 1962 abgedruckten, in der Gruppe gelesenen Texte kommentierte, musste er feststellen: *Wenn die dem Band vorstehenden Marginalientexte, einer Gertrude Stein-Parodie ähnlich, wiederholen: ... eine Gruppe, die keine Gruppe ist, die eine Gruppe ist ..., so wird damit dasselbe Phänomen begriffen: das Phänomen des Heterogenen, sowohl im, Verzeihung, ideologischen Ansatzpunkt als auch im ästhetischen Resultat.*[105] Das heißt: Die Literatur der Gruppe 47 hat es nie gegeben, weder eine gemeinsame Poetologie noch ein literarisches Gruppenprogramm. Die Literatur, die von Mitgliedern der Gruppe 47 geschrieben wurde, war nicht die Literatur der Gruppe 47, sondern war ein, wenn auch wesentlicher, Teil der nach 1945 entstandenen Literatur deutscher Sprache. Allenfalls kann man sagen, dass die auf den Tagungen gelesene Literatur fast alle Formen der deutschsprachigen Literatur, die sich nach 1945 entwickelt haben, wie in einem Fokus bündelte – allerdings mit gewichtigen Ausnahmen: Arno Schmidt, Max Frisch, Friedrich Dürrenmatt, um nur diese drei zu nennen. Eine Geschichte der Gruppe 47 kann deshalb eine Geschichte der Literatur der Gruppe 47 nicht erzählen. Sie kann nur die Betriebsgeschichte der Gruppe 47 nachzeichnen und darin wesentliche, mit den Jahren auch in ihr, aber kaum durch sie errungene literarische Positionen markieren.

DER PREIS DER GRUPPE 47

Bedeutung im betriebsgeschichtlichen Sinne gewann die einzige Tagung der Gruppe im Jahre 1950 im ehemaligen Kloster des schwäbischen Örtchens Inzigkofen, weil auf ihr zum ersten Mal der Preis der Gruppe 47 vergeben wurde. *Franz Josef Schneider, ein Autor, der damals eine viel bewunderte Erzählung «Die Ziege hat ein weißes Fell» veröffentlicht hatte, kam eines Tages zu mir mit tausend Mark einer amerikanischen Werbefirma, in der er tätig war. Er hatte die Firma zu dieser Stiftung überredet. Ein Autor, der noch nichts oder nur wenig veröffentlicht hatte, sollte die 1000 DM erhalten. Schneider sprach von einem Fördererpreis. Ich war zuerst gegen einen Preis der «Gruppe 47». Nach meiner Ansicht mußte er uns in die Nähe von Akademien bringen. Das wollte ich nicht. Aber ich konnte auch nicht auf die tausend Mark für andere verzichten. Den Schriftstellern ging es zu dieser Zeit mehr als schlecht. So erfand ich einen Preisverteilungsmodus, der den in der «Gruppe 47» entstandenen Spielregeln angepaßt war. Ich ließ nach Abschluß der Lesungen alle Anwesenden in geheimer Wahl entscheiden, welche Lesung sie für die beste hielten. Erreichte kein Autor im ersten Wahlgang die absolute Mehrheit, dann kam es zur Stichwahl.*[106]

Schneider hatte Richter am 20. Oktober 1949 von der Preisspende geschrieben. Richter wurde sofort aktiv. Zwei Tage später schon antwortete er: *«Preis der Gruppe 47», das wäre ein Schritt weiter auf dem Weg nach vorn*, und er entwarf sogleich ein ausführliches Verfahren mit ausgewählten Preisrichtern, die *vorwiegend Kritiker sein* sollten.[107] Acht Tage später teilte er Schneider bereits seine genaue Vorstellungen mit, von welcher Art die Preisträger sein mussten: *Um dem Preis eine gewisse Wertigkeit zu geben, soll zu-*

mindest in den ersten drei Jahren möglichst sorgsam mit der Verteilung umgegangen werden, also nur literarisch wirklich qualifizierte Leute damit ausgezeichnet werden, doch müssten sie auf jeden Fall der Mentalität der Gruppe 47 entsprechen. Um Dir deutlich zu machen, was ich meine, nenne ich ein paar Namen: Eich, Krämer-Badoni, Kolbenhoff, Franz Josef Schneider.[108]

Als Richter dann die nächste Tagung vorbereitete, schickte er am 1. April 1950 an einige wenige Vertraute, darunter Walter Kolbenhoff und Alfred Andersch, ein Statut zum «Preis der Gruppe 47», in dem er genau bestimmte, wer wahlberechtigt war (*Gäste und Förderer der Gruppe können nicht wählen.*) – womit Richter zum ersten und einzigen Male schriftlich fixierte, wer seiner Meinung nach – jedenfalls damals – zur Gruppe gehörte.[109] Allerdings wurde diese Begrenzung der Wahlberechtigten auf die von Richter benannten Gruppenmitglieder nie realisiert – immer wählten alle, die bei den Lesungen dabei waren.

Günter Eich war nicht nur für Richter der preiswürdigste Autor in der Gruppe, er war seit seiner ersten Lesung in Jugenheim der geheime Star der Gruppe – kein Anfänger mehr, sondern ein erfahrener Schriftsteller, den Richter schon lange schätzte, der am *Ruf* und am *Skorpion* mitgearbeitet hatte und der inzwischen mit seinen Gedichten auch über die Gruppe hinaus bekannt und in der Gruppe grundsätzlich anerkannt war. Von ihm erwarteten die Zuhörer in der Gruppe gleichsam das erreichte Ideal, nach dem viele andere noch strebten: «Auch diesmal war aus der ersten Zeile der eigene Ton zu spüren, die Melodie einer reinen Sprache voll Kontur und Farbe. Von diesen Stücken ging eine Beglückung aus, die einen jeden ergriff.»[110] So war es fast unabwendbar (und von den «Eingeweihten erwartet»[111]), dass Eich der erste Preisträger der Gruppe 47 wurde, unter anderem mit den Gedichten *D-Zug München–Frankfurt, Kurz vor dem Regen* und *Der Mann in der blauen Jacke.*

Andersch hatte vor dieser Tagung noch ablehnend auf Richters Statut reagiert: *Nach wie vor bin ich der Auffassung, dass es ein Ding der Unmöglichkeit ist, auf Grund der vorgelesenen Arbeiten zu prämieren. Und damit aus der Stimmung einer solchen Tagung heraus. Na, die Gruppe wird schon ihre Erfahrungen machen. Auf das Resultat bin ich gespannt.*[112] Er wurde durch das Resultat widerlegt. Denn der Preis verschaffte der Gruppe 47 eine zunehmende öffentliche Resonanz, er wurde – spätestens mit der Preisverleihung an Günter Grass 1958 und zunehmend bis zum Ende der Gruppe, und da auch noch zurückwirkend auf die Autoren, die ihn schon Jahre zuvor bekommen hatten – in seiner Außenwirkung zum wichtigsten Literaturpreis der Bundesrepublik; und intern, vermutlich weil er gleichsam kollegial vergeben wurde, maßen ihm auch die Schriftsteller einen besonderen, ja ziemlich objektiven Wert zu. Das Ansehen des Gruppenpreises war vergleichbar nur mit der späteren Bedeutung des Büchner-Preises. Aber im Gegensatz zum Büchner-Preis wurden mit dem Preis der Gruppe 47 nicht schon bekannte Autoren für ein Lebenswerk ausgezeichnet, sondern gewählt wurden die vorgelesenen, also noch unveröffentlichten[113] Texte und auf solche Weise bis zum Ende der Gruppe Schriftsteller, die zum Zeitpunkt der Preisvergabe noch ziemlich unbekannt waren.

Insofern war der Preis auch eine sichtbare und wirkungsvolle Manifestation der Gruppenkritik, die Abstimmung über seine Vergabe war Ergebnis und Summe der Kritik, wenngleich alle Anwesenden, und später immer mehr gruppenfremde Verleger und Journalisten, abstimmten und die Summe der Kritik durch das zuallermeist unartikulierte Geschmacksurteil aller Anwesenden etwas verwässert wurde. Denn es ist ja nicht zu leugnen, dass der in der Preiswahl virulent werdende Qualitätssinn des Gruppenkollektivs nicht nur etwas zu tun hatte mit ästhetischen Kriterien, sondern vor allem auch damit, dass der Autor seinen Text gut lesen konnte. Martin Walser beispielsweise, der ein vorzüglicher Vorleser seiner Texte ist, bekam den Preis 1955 in Berlin für seine Geschichte *Templones Ende*, obgleich sie wegen ihrer kompositorischen Mängel kritisiert wurde.

Aber das relativiert doch allenfalls das in der Preisvergabe zum Ausdruck kommende kollektive kritische Urteil. Grundsätzlich widerlegt die Wahl der Preisträger durch die Gruppe nicht nur Anderschs Argument gegen die Preisvergabe, sondern auch die prinzipiellen Einwände gegen das Lese- und spontane Kritikverfahren auf den Tagungen: Es versetze die Zuhörer gar nicht in die Lage, einen Text in seiner Komplexität erfassen zu können, sondern veranlasse sie dazu, leichte, kurze, wenig komplizierte und in sich geschlossene Texte zu favorisieren.

| 1951 | 1967

Denn leicht und unkompliziert waren weder die Gedichte von Günter Eich 1951 noch die Gedichte Ingeborg Bachmanns (Mainz 1953) und Johannes Bobrowskis (Berlin 1962). Und Ilse Aichingers *Spiegelgeschichte* (Niendorf 1952) war ein ausgesprochen komplexer Text, auch Jürgen Beckers Lesung aus dem Buch *Ränder* 1967 in der Pulvermühle mutete den Zuhörern einen schwierigen Text zu. Immerhin wurde Heinrich Böll 1951 in Bad Dürkheim für die satirische Erzählung *Die schwarzen Schafe*, Martin Walser, wie schon gesagt, für die kafkaeske Erzählung *Templones Ende*, Peter Bichsel zehn Jahre später ebenfalls in Berlin für eine Lesung aus dem auch nicht gerade einfach erzählten Roman *Die Jahreszeiten* und schließlich Günter Grass 1958 in Großholzleute für den Anfang der *Blechtrommel* zum Preisträger gewählt – nur Adriaan Morriëns Erzählung *Ein unordentlicher Mensch* und seine Satire *Zu große Gastlichkeit verjagt die Gäste*, im Frühjahr 1954 unter dem blauen italienischen Himmel von Cap Circeo gelesen, gelten als eher leichtgewichtige Texte.[114]

Immerhin meinte Helmut Heißenbüttel, dass die Preise nur an solche avanciert schreibenden Autoren gegangen seien, deren Texte *noch auf eine Literatur, die deskriptiv ist, zurückbezogen werden können*[115]. Dennoch: Dass die Wahl dieser Preisträger den literarischen Spürsinn der Gruppe und die Qualität ihrer kollektiven Kritik bestätigt, kann wohl nicht angefochten, muss aber doch etwas relativiert werden. Auch Hans Magnus Enzensberger, Helmut Heißenbüttel, Wolfgang Hildesheimer, Uwe Johnson, Peter Weiss, Paul Celan, später Alexander Kluge, Hubert Fichte, vielleicht auch

Ingeborg Bachmann
Dunkles zu sagen (Auszug)

Wie Orpheus spiel ich
auf den Saiten des Lebens den Tod
und in die Schönheit der Erde
und deiner Augen,
in die der Himmel taucht,
weiß ich nur Dunkles zu sagen.

Vergiß nicht, daß auch du, plötzlich,
an jenem Morgen, als dein Lager
noch naß war von Tau und die Nelke
an deinem Herzen schlief,
den dunklen Fluß sahst,
der an dir vorbeizog.

Du neigtest dich über ihn, schriest auf
und batest mich,
dir mit dem Bogen das Haupt abzutrennen.

«Die Literatur», Nr. 6, 1. Juni 1952, S. 2

Günter Grass

Andersch und Siegfried Lenz hatten damals schon jene literarische Statur und Bedeutung, die mit dem Preis der Gruppe hätte ausgezeichnet werden können. Aber den Nenner oder den allgemeinen Konsens der Kritik hat es in der Gruppe nicht und, je länger es sie gab, umso weniger gegeben. *Wenn man die mittlere Linie zieht, wäre der Normalautor der Gruppe 47 Siegfried Lenz*, hat Helmut Heißenbüttel einmal gesagt.[116] Ihn wiederum hielt Marcel Reich-Ranicki für den *intelligentesten Autor der Gruppe*[117]. Dennoch hat Lenz den Preis der Gruppe nie bekommen, und dabei war er einer der beständigsten Vorleser mit einer fast immer ausführlichen und generell positiven Kritik. Enzensberger wiederum, der auch viel las, erntete wohl oft die schärfste Kritik – er hat seinen Ruhm außerhalb der Gruppe 47 akkumuliert. Und Heißenbüttel, der fast immer las und sich nie an der Kritik beteiligte, stand für viele in der Gruppe jenseits der Grenzen dessen, was sie für Literatur gerade noch halten konnten. Für solche Experimente war die Gruppe 47 nicht zu haben, auch wenn sie Heißenbüttel gern zuhörte. Andererseits lässt sich an den frühen Preisträgern Eich, Aichinger und Bachmann aber auch ablesen, wie wenig ein wie auch immer ‹realistisches› Schreibprogramm als tragfähiges literarisches Gruppenprogramm schon nach wenigen Jahren noch gelten konnte.

Die amerikanische Werbeagentur Coward McCann Company finanzierte den Preis nur zweimal mit je 1000 DM; danach organisierte Hans Werner Richter das Preisgeld bei Verlagen und Rundfunkanstalten: 2000 DM für Aichinger und Bachmann, 1000 DM für Morriën und Walser; Günter Grass bekam schon 5000 DM, Bobrowski 7000 DM, Bichsel und Becker je 6000 (und für den letzten Preis an Becker spendeten Grass und Böll je 2500 DM).

Nach 1955 ließ Hans Werner Richter den Preis nur unregelmäßig vergeben: ein genialer Schachzug. Richter konnte so die Spannung in der Gruppe, aber auch in der Öffentlichkeit steuern. Erst am Schluss der Tagungen gab Richter bekannt, ob der Preis verliehen wurde.

Kritik in der Gruppe 47

In Inzigkofen 1950 lasen erstmals auch Walter Jens, der Richter um eine Einladung gebeten hatte, und Rudolf Krämer-Badoni, der Richters Einladungen bis dahin *jedesmal freundlich abgesagt*[118] hatte. Deshalb ließ Richter Krämer-Badoni diesmal durch Heinz Friedrich einladen mit dem Hinweis, er solle, wenn er komme, den Preis der Gruppe bekommen. Doch dann fiel Krämer-Badoni mit seiner Lesung aus dem Roman *Der arme Reinhold* durch. Dass er danach zu einem der schärfsten Kritiker der Gruppe wurde, hat wohl weniger mit dem Scheitern seiner Lesung als mit den Umständen der Einladung zu tun: *[...] ich fand das ziemlich unerhört. Der wußte gar nicht, was ich auf dem Schreibtisch hatte, und ob das wirklich etwas wert war, was ich dann dort vorgebracht hätte.*[119] Immerhin folgte er der Einladung, hat vorgelesen und sich der Kritik der Gruppe 47 ausgesetzt.

Erstmals war in Inzigkofen auch Barbara König dabei. Sie hat damals in ihrem Tagebuch notiert: *Was für ein Ritual! Da stehen vorne im Saal zwei Sessel mit einem Tischchen dazwischen, auf dem linken sitzt totenbleich der Autor, auf dem rechten sitzt Richter – wie ihm der Name paßt! – ungerührt, kalt.*

Er sagt: «Fangen wir an», klatscht in die Hände und wirft einen Dompteurblick über die Reihen, der auch den letzten Schwätzer zum Schweigen bringt. Die Meute duckt sich, der Dichter liest. Wie er das fertigbringt, weiß ich nicht, aber wenn er fertig ist, sieht er zu Richter hin, der nickt und läßt die Bestien los, das heißt, er ruft die Kritiker auf [...].

Der Dichter ist froh, daß er nichts sagen darf, denn dazu ist er ohnehin zu erschöpft, er hört sich an, was man von seinen Substantiven und abgehackten Sätzen hält und von seinen Fähigkeiten ganz allgemein, und wenn er schließlich aufsteht und zu seinem Platz zurückgeht, dann ist er unnatürlich still, wenn möglich noch bleicher als zuvor, und das Manuskript, das er beim Hingehen in Herzhöhe gehalten hat, trägt er jetzt in der herabhängenden Hand, und wenn ich nur nahe genug säße, das will ich beschwören, dann sähe ich es zittern.

Nein, das war ungerecht, es gibt Ausnahmen. Als Günter Eich las, war plötzlich alles still. Keine Hand hob sich, er hatte, sozusagen, den Saal mit seinen Gedichten gefüllt, die ließen nichts anderes zu. Erst nach einer langen Weile rührte es sich wieder, Räuspern, Stimmen, die eigentlich nur sagen wollten, daß nichts weiter zu sagen sei. Das gibt es also auch.[120]

In Bad Dürkheim, 1951: Barbara Minssen, Ernst Schnabel, Henri Regnier, Inge Jens, Walter Jens, Ilse Aichinger und Nicolaus Sombart (v. l.)

Doch dieses Verhalten war nicht der Brauch. Zwar gab es hin und wieder solche Zustimmung; nach der Lesung Ilse Aichingers 1952 in Niendorf klatschte die Gruppe sogar Beifall – was von Richter[121] schnell unterbunden wurde. Aber auch eine andere Reaktion wurde von Richter als *brutal* abgelehnt: Während einer überlangen und zudem langweilenden Lesung Wolfdietrich Schnurres in Jugenheim hielt Alfred Andersch *den Daumen nach unten, für alle deutlich sichtbar. Schnell schlossen sich andere an, und nach kurzer Zeit hielten alle den Daumen nach unten [...]. Es war eine klare Verurteilung, es hieß Schluß, abbrechen, sofort abbrechen. [...] Es war kein erfreulicher Anblick für [Schnurre], man sah es ihm an, aber er nahm es gelassen hin, er klappte sein Manuskript zusammen und sagte: «Ja, wenn es so ist, dann höre ich wohl besser auf.» Alle lachten, und er hatte trotzdem gewonnen, in einer Art gewonnen, die man sehr schätzte: das gelassene Hinnehmen der Kritik. Es war keine Niederlage.*[122]

Was die Gruppe dagegen wirklich ausmachte, war die genaue und intensive Kritik der gelesenen Texte. Zweierlei charakterisierte diese Kritik: Sie wurde unmittelbar, also gleich nach der Lesung, formuliert: spontan, zutreffend oder auch fehlerhaft, jedenfalls ganz dem, manchmal auch falsch Vernommenen folgend. Dieses Verfahren wurde oft kritisiert, am schärfsten wohl von Karlheinz Deschner: «Dabei lag die Fragwürdigkeit der auf den Konferenzen geübten Kritik auf der Hand, denn was spielte da nicht alles schon an puren Äußerlichkeiten eine Rolle, das Auftreten, die Auswahl, die Rezitation, die Lesung eines mittelmäßigen Stücks nach einer Serie von schlechten oder aber nach einem guten; gravierende Hörfehler konnten große Mißverständnisse bewirken, denn man kritisierte allein aufgrund des Gehörten und einen voluminösen Roman nach 20 Minuten ebenso in Bausch und Bogen wie eine Kurzgeschichte.»[123]

Das zweite Charakteristikum dieses Verfahrens: Die Vorlesenden durften sich zur Kritik nicht äußern, allenfalls offensichtliche Hörfehler korrigieren – ein ziemlich brutales Ritual, für Richter aber eine Art Initiationsritus: Denn wer diese Form der Kritik nicht ertrug, hatte die Probe nicht bestanden und wurde von ihm nicht wieder eingeladen. Richter 1962: *Da gibt es zwei Dinge in der Beurteilung. Es gibt nicht nur die literarische Beurteilung, es gibt noch eine andere Beurteilung. Es gibt also zwei Dinge. Ein Autor setzt sich auf den Stuhl und liest. Und er hat Erfolg. Dann kommt die Kritik, und das wirkt sich aus. Und dann setzt er sich wieder zum Publikum und kritisiert nun wieder mit.*

Ein Autor setzt sich auf den Stuhl und fällt durch, wie wir sagen. Und dann kommt es jetzt sehr darauf an, wie nimmt er diese Kritik, die ihn oder das Manuskript, das er gelesen hat, völlig vernichtet, wie nimmt er die hin. Erträgt er sie nicht, wird er nicht wieder eingeladen.

Es waren bekannte Autoren da, die haben gelesen – ich will die Namen nicht sagen –, sie sind durchgefallen. Sie sind einmal durchgefallen mit dem Manuskript. Das wär nicht weiter schlimm gewesen, das ist uns allen geschehen, mir auch. Aber sie sind dann durchgefallen bei der Kritik, weil sie die Kritik nicht ertragen konnten.[124]

Das in der Gruppe 47 geübte Verfahren der Kritik wollte mehr bewirken als die Verbesserung der vorgelesenen Manuskripte. Die Kritik war für Richter natürlich auch ein Instrument der Korrektur und der Orientierung und ein handwerkliches Mittel literarischer Lernprozesse. Vor allem aber hat Richter die Kritik in der Gruppe immer als menschliches und in diesem Sinne konkret politisches Bildungsprogramm verstanden.

Richter hat über ein solches Konzept nie öffentlich gesprochen zu Zeiten, als es die Gruppe 47 gab; aber in seinen Briefen klingt es manchmal an und wird ein paar Mal deutlich formuliert. Danach war für ihn grundlegend seine Erfahrung vom Untergang der Weimarer Republik, wie er dem Feuilletonchef der «Zeit» Rudolf Walter Leonhardt am 11. November 1961 mitteilte: *Ich wollte nach dem Krieg einen anderen, weltzugewandten, politisch (nicht parteipolitisch) engagierten Schriftsteller. Ich sah damals das Unglück Deutschlands nicht nur in der politischen Entwicklung, sondern vor allen Dingen in seiner geistigen und damit auch literarischen. Das war der Grund, warum ich meine eigene Arbeit immer wieder im Interesse der Gruppe und ihrer Entwicklung zurückgestellt habe. Praktisch war es immer eine pädagogische Arbeit. Deshalb bestimmte Formen der Kritik, des Ertragens der Kritik, und der immer geübten Achtung der Meinung und des Könnens des anderen.*[125]

Und fünf Jahre später, am 3. August 1966, schrieb er an Fritz J. Raddatz: *Meine Überlegung war, auf keinen Fall dürfen die Fehler [also die Ursachen der Niederlage von 1933] wiederholt werden. Das war die eigentliche Ursache für die Entstehung der Gruppe 47. Deshalb versuchte ich eine Art Corpsgeist auch unter den linken Literaten zu züchten. Es ist zum Teil gelungen, was zum Nimbus der Gruppe 47 führte, den man jetzt leichtsinnigerweise zerstört. Und deswegen die Methoden der Gruppe 47 mit der Förderung einer Polemik, die der angelsächsischen sehr nahe kommt. Deswegen Kritik an den Texten, nur und ausschließlich an den Texten, und jede Vermeidung einer Grundsatzdiskussion, deswegen Kritik der Sachen, der Ideen, der Ansichten, bei Vermeidung der Kritik der Person. Persönliche Auseinandersetzungen habe ich immer zu schlichten versucht, oder sie so behandelt, daß sie weder im politischen noch im literarischen Bereich Einfluß gewannen. Glaube mir, das hat oft bis zur Selbstverleugnung geführt. [...] Das alles ist zum Teil gelungen. Es war nicht nur das Verdienst meiner Person. Es haben viele mitgeholfen. Ich wußte nur im Gegensatz zu anderen, die fast alle jünger waren und nicht über dieselben Erfahrungen verfügten, ich wußte nur, was ich wollte. [...] ich habe immer vermieden, meine Konzeption hinauszuplaudern.*[126]

Kritik war danach also das wesentliche Operationsmittel im Richter'schen Autoren-Bildungsprogramm. Hier schlössen sich eine Menge Fragen an, die vermutlich zumeist nur spekulativ zu beantworten sind. Die nachträgliche Rationalisierung Richters, eine verbreitete Methode in der Legendenbildung um die Gruppe 47, vereinfacht sicherlich, was jahrelang in komplizierten Prozessen verlaufen ist und komplexe Verhältnisse geschaffen hat. Im Zentrum der Gruppe jedenfalls stand immer die Praxis der Kritik. Sie wirkte sich, verändernd, in zweierlei Richtung aus: auf die Herstellung der Texte, die gelesen wurden, und auf ihren Erfolg in der Öffentlichkeit. Dabei spielt die zunehmende Öffentlichkeit innerhalb der Gruppe und die öffentliche Wirkung nach außen eine große Rolle.

Denn warum sonst, so mag man sich fragen, haben die meisten Autoren dieses Verfahren nicht nur einfach hingenommen, sondern sich meist geradezu danach gedrängt, neben Richter auf dem so genannten ‹elektrischen Stuhl› Platz zu nehmen? Kritiker der Gruppe 47 wie Karlheinz Deschner, Robert Neumann und Hans Erich Nossack, die nie an den Tagungen teilgenommen haben, witterten in der Gruppe die große Kumpanei, bei der die Freunde einander hochlobten, um im Literaturbetrieb umso bessere Geschäfte zu machen. Das war zu kurz gegriffen. Solche Verdikte kamen auch meist aus Unkenntnis in der Sache und bloßer

Gegnerschaft zur Gruppe. Aber hatte man sich denn nicht auch zusammengetan, um wirkungsvoller in die Öffentlichkeit hineinzuwirken, mit besseren, in der Gruppenkritik verbesserten Texten? War nicht auch dies ein wichtiger Impuls Richters: eine Öffentlichkeit für Literatur herzustellen?

Zum Vorwurf der Freundschaftskritik während der Tagungen hat Joachim Kaiser gesagt: *Selbstverständlich will jemand einem Freund oder einem Richtungsgenossen oder einem Kumpel nicht wehtun, und wenn man merkt, daß der etwas vorgelesen hat, und daß sich die Kritik nicht recht äußert, dann will ich nicht ausschließen, daß jemand seinem Freund in öffentlicher Kritik hilft. Einfach weil er denkt: «Um Gottes Willen, wenn der jetzt durchfällt, dann druckt ja der Piper das Buch nicht.»*

Nur, vergessen Sie nicht die Chance und auch das Risiko der Öffentlichkeit. Wenn z. B. ein Autor etwas vorgelesen hat und bekommt dann eine ungeheuer lobende Kritik vielleicht von jemandem, der ihm wohl will, also eine Freundschaftskritik, sagen wir es einmal ganz scharf, dann wird, wenn diese Kritik zu forciert ist, plötzlich jemand sagen: «Also Kinder, hört mal, das war nun doch zu viel!», und dann wird jemand

Joachim Kaiser

möglicherweise, der sonst seine negative Ansicht gar nicht geäußert hätte, sich melden.[127]

Kritik in der Gruppe 47 – das war eben nicht das ex cathedra verkündete Urteil eines Kritikers, sondern das war ein Ensemble kritischer Meinungen, die häufig genug gegeneinander standen und einander korrigierten: Kritik als das Kollektiv einer Vielfalt. Dazu Richter 1962: *Wir hören das Wort «Kollektiv» nicht gern, aber in diesem Fall stimmt es. Denn es kritisiert ja nicht einer hinterher, sondern es sind fünf, sechs, sieben oder zehn Leute. Alle, die dort sitzen, ziehen – das ist auch ein unbewußter Vorgang – aus diesen zehn Kritiken, die sie nacheinander hören, über die Lesung die Quersumme. Und die Quersumme ergibt merkwürdigerweise eine ganz gerechte Beurteilung. Die Kritiker sind sich keineswegs einig, es ist Pro und Contra und Hin und Her. Und trotzdem steht eigentlich zum Schluß für jedermann fest, wie dieses Manuskript beurteilt worden ist. – Auch der Kritiker sitzt auf einem elektrischen Stuhl. Urteilt er falsch, ungerecht, leichtsinnig, fällt auch er auf dem Stuhl durch.*[128]

Womit der ausgleichenden Gerechtigkeit das Wort geredet wäre. Doch grau ist alle Theorie. Die von Richter entworfene Vorstellung, wonach der eben noch heftig kritisierte Autor, wieder im Plenum, es dem Kritiker, der ihn malträtiert hat, nun heimzahlen könnte, blieb meist nur Wunsch. Denn nicht jeder Schriftsteller ist auch Sprechsteller, vor allem nicht nach einer Niederlage. Ohnehin beteiligten sich an den kritischen Debatten nur wenige Autoren regelmäßig, und später, gegen Ende der fünfziger Jahre, immer weniger. Da bildete sich, mit Walter Jens, Joachim Kaiser, Walter Höllerer, Hans Mayer und Marcel Reich-Ranicki, in der Gruppe eine kriti-

Walter Höllerer

Hans Mayer

sche Profi-Mannschaft heraus, gegen deren selbstsichere und allzu häufig selbstgewisse Eloquenz die meisten Schriftsteller kaum mehr Chancen hatten – Günter Grass, Hans Magnus Enzensberger oder Martin Walser waren da, mit einigen anderen, jüngeren, lediglich die Ausnahmen.

Doch das war, wie gesagt, erst später so. In einem Gespräch im Jahre 1972 schätzte Martin Walser die in der Gruppe in den frühen fünfziger Jahren praktizierte Kritik so ein: *Die war so bescheiden, daß man das gar nicht glaubt, wenn man das so wiederholt. Da haben hochgebildete Literaten, wenn sie in der Gruppe 47 als Kritiker auftraten, sich reduziert auf sehr richtige, aber auf sehr simple Bemerkungen. Zum Beispiel erinnere ich als besonders oft wiederholt, daß man einen Autor kritisiert hat, wenn er den Dialog im Roman begleitet hat mit «er sagte» und wenn dazu noch geschrieben war: «er sagte selbstgefällig», oder wenn er das «er sagte» wegließ und einfach die direkte Rede gebraucht hat: «Guten Morgen, und selbstgefällig schob er sich zur Tür herein» – wenn so ein Satz war, dann hat man stundenlang darüber geredet, ob das «er sagte» dazugehörte und ob, wenn schon «er sagte», man noch ein Adjektiv dazu verwenden darf oder nicht. […] Zu diskutieren war eigentlich nur die Adjektiv-Verwendung, und man war sehr stolz darauf, daß man scheinbar so konkret am sprachlichen Material diskutierte. Aber eingebunden war diese sprachliche, diese stilistische Diskussion in einen sehr beschränkten, primitiven, realistischen Vorschriftshorizont, ich möchte sagen, das war ein naturalistisch-realistischer Horizont, in den das hineingebunden war. Einer eben aus der Schule Kafkas kommenden Prosa wurde z. B. mit äußerstem Mißtrauen begegnet. Allerdings, bitte schön, es hat sich dann gegeben. [...] Da kam eben die Ilse Aichinger und hat eine großartige Geschichte vorgelesen, die so gar nicht in diesen Horizont hineinpaßte, und da merkte man an der Akklamation, daß die Wortführer, die die Literatur so in den Kahlschlag hineinpressen wollten, eben doch nicht die Majorität waren. Und wenn die Ingeborg Bachmann etwas vorgelesen hat, hat man gemerkt, es bleibt doch nicht bei dem, was da einmal zu programmatisch beabsichtigt worden war; es waren schon viel mehr Stilrichtungen vorhanden, nur haben die sich nicht so hervorgetraut.*[129]

Literarischer Paradigmenwechsel: Aichinger, Bachmann – Celan

Hervorgetraut hatten sich die ‹neuen› Stilrichtungen durchaus schon, bevor Walser, 1953 in Mainz, zum ersten Mal bei der Gruppe auftrat. Und so neu waren sie auch nicht – nur eben komplexer als die schlichten Realismen, mit denen die meisten in der Gruppe noch immer umgingen. Aber mit der Zeit wurde in der Gruppe die Moderne zurückerobert, jene Moderne, die in der ersten Hälfte des 20. Jahrhunderts sich entwickelt hatte und die dann von den Nationalsozialisten 1933 auf den Scheiterhaufen verbrannt, deren Autoren umgebracht oder ins Exil verbannt wurden.

Es war freilich, mit der einzigen Ausnahme der Literatur Helmut Heißenbüttels, der 1955 zur Gruppe kam, eine moderate Literatur der Moderne, mit der sich die Gruppe 47 mit den Jahren anzufreunden begann und die seit Mitte der 1950er Jahre bis zum Ende der Gruppe die Lesungen und vor allem die Außenwirkung der in der Gruppe gelesenen Literatur zunehmend dominierte. Begonnen hatte dieser literarische Paradigmenwechsel bei der Tagung der Gruppe 47 im Mai 1952 im Gästehaus des Nordwestdeutschen Rundfunks in Niendorf an der Ostsee. Erstmals lasen unter anderen der Lyriker Karl Krolow, der danach nie wieder kam, und Siegfried Lenz, der danach zu den beständigen, aber eher unauffälligen Gruppenautoren gehörte. Verbunden ist der ästhetische Paradigmenwechsel aber mit drei Namen: Ilse Aichinger, Ingeborg Bachmann, Paul Celan.

Ilse Aichinger war seit der achten Tagung, im Mai 1951 in Bad Dürkheim, bei der Gruppe. Sie hatte 1948 ihren ersten Roman *Die größere Hoffnung* veröffentlicht. Darin erzählte sie die Geschichte einer Verfolgung und ihrer gescheiterten Hoffnung auf Rettung mit einer Bildersprache, die Emotion und subjektive Empfindung empathisch akzentuiert und zugleich objektiv ‹bändigt› und in ein sehr sensibles Sprachwerk überträgt. Aichingers Prosa sucht die Emotionalität ästhetisch zu betonen und zu brechen, in Bilder zu übersetzen, welche die inneren Welten sprachlich fixieren und in denen die Flucht nicht so leicht gelingt wie in der äußeren Welt. Sie las in Niendorf ihre danach bald berühmte *Spiegelgeschichte*. Die erzählt sich gleichsam verkehrt, rückwärts: Sie setzt in dem Moment ein, da das natürliche Ende steht, der Tod. Die äußere Welt wird verlassen, um Platz zu machen und Gelegenheit zu geben, die innere Welt aufzuschließen und erzählerisch zu ermöglichen – mit dem Ende der Geschichte wird sie in ihren beiden letzten Sätzen gleichsam erst eröffnet:

Es ist der Tag deiner Geburt. Du kommst zur Welt und schlägst die Augen auf und schließt sie wieder vor dem starken Licht. Das Licht wärmt dir die Glieder, du regst dich in der Sonne, du bist da, du lebst. Dein Vater beugt sich über dich.

«Es ist zu Ende –», sagen die hinter dir, «sie ist tot!»

Still! Laß sie reden! [130]

Die *Spiegelgeschichte* setzt also, wie ein Rondo, am Schluss ein mit der Aufforderung: zu beginnen.

Mit großem Erfolg las auch Ingeborg Bachmann, die Hans Werner Richter erst im Monat zuvor in Wien kennen gelernt hatte. Sie wollte ein Interview mit ihm machen, dabei sah er zufällig ihre Gedichte und war sich nach deren Lektüre, wie er nachträglich schrieb, sofort sicher, *eine Entdeckung gemacht zu haben*[131].

In Niendorf las Ingeborg Bachmann unter anderem das Gedicht *Dunkles zu sagen*[132], das ein paar Tage später schon in Hans Werner Richters seit März 1952 publizierter Zeitschrift *Die Literatur* erschien.

Ingeborg Bachmann war, wie einst Günter Eich und dann Ilse Aichinger, in der Gruppe schnell etabliert. Auch ihre Lyrik, wie

Heinrich Böll, Ilse Aichinger und Günter Eich (v. l.)
bei der Tagung in Niendorf, 1952

übrigens Eichs Hörspiele, die damals mit großem Erfolg gesendet wurden, enthält Botschaften und Aufforderungen, sich dem äußeren Getriebe der Welt zu verweigern und nun, da *die auf Widerruf gestundete Zeit sichtbar [wird] am Horizont* [133], sich gegen die überkommene Normalität zu wenden, die den Menschen ins Verderben gebracht habe. Ein Jahr nach Niendorf, 1953 in Mainz, bekam sie den vierten Preis der Gruppe zugesprochen, für Gedichte, die, wie die in Niendorf gelesenen, noch im selben Jahr in dem Band *Die gestundete Zeit* erschienen sind.

Auf Empfehlung Ingeborg Bachmanns hatte Richter auch den unbekannten, in Paris lebenden Dichter Paul Celan nach Niendorf eingeladen – einer Bitte Milo Dors vom 17. September 1951, Celan einzuladen und ihm *den Anschluss an die deutsche Literatur, zu der er zweifellos gehört* [134] zu vermitteln, hatte Richter noch nicht entsprochen.

Celan las vor der Gruppe unter anderem die *Todesfuge* vor, die schon 1948 entstanden ist und mit den klassisch modernen Mit-

teln von Verschränkung, Wiederholung und Variation der Motive und Bilder arbeitet. Es wurde Celans berühmtestes Gedicht. Für Celan waren Gedichte grundsätzlich dialogisch, *eine Flaschenpost*, von der er hoffte, sie könne *irgendwo und irgendwann an Land gespült werden, an Herzland vielleicht. Gedichte sind auch in dieser Weise unterwegs: sie halten auf etwas zu.*
Worauf? Auf etwas Offenstehendes, Besetzbares, auf ein ansprechbares Du vielleicht, auf eine ansprechbare Wirklichkeit.[135]
Die Gruppe 47 scheint – mit wenigen individuellen Ausnahmen – für Celans Gedichte kein offenes, ansprechbares Gegenüber gewesen zu sein, obgleich Richter sich, übrigens als Einziger, an den Erfolg ihrer Lesung erinnerte: *Die Gedichte scheinen eine fast hypnotische Wirkung auf [die Teilnehmer] zu haben. In ihren Gesichtern sehe ich den Erfolg Paul Celans. Ist es ein anderer Klang, ein neuer Ton, der hier wirksam wird? Es gibt kaum kritische Stimmen nach der Lesung.*[136] Celan hatte auf seine unverwechselbare Weise eindringlich gelesen, sein Sprechen war ein Beschwören, getragen von einem sensitiven Pathos. Diese Vortragsweise hat die Gruppe 47 die Qualität seiner Gedichte entschieden verkennen lassen. Auch Richter empfand das so: *Seine Stimme klingt mir zu hell, zu pathetisch. Sie gefällt mir nicht. Wir haben uns das Pathos längst abgewöhnt. Er liest seine Gedicht zu schnell. Aber sie gefallen mir, sie berühren mich, obwohl ich die Abneigung gegen die Stimme nicht überwinden kann.*[137] Er soll, so erinnerte sich Milo Dor, auch gesagt haben, Celan *habe in einem Singsang vorgelesen wie in der Synagoge*[138]. Da zeigten sich, deutlich und geradezu tragisch wie kaum ein andermal, die Grenzen, ja die Gefahren der spontanen Kritik.
Heinrich Böll sprach später von einem peinlichen Missverständnis; und Hans Werner Richter meinte einmal lakonisch, die rustikale Art, die in der Gruppe herrschte, habe Paul Celan wohl nicht sehr gefallen. Vermutlich war dem nach geradeaus orientierter, klarer Aussage sich sehnenden und an raue Umgangstöne gewöhnten Freundeskreis der sensible, in sich gekehrte Mann, der sich in solchem Kreis als Außenseiter empfinden musste, allzu fremd. Das bestätigte Richter auch in seinem, freilich späten und durch spätere Kenntnisse möglicherweise getrübten, Bericht: *Ich habe einen seltsamen Eindruck von [Celan]: schüchtern, sensibel, sich fremd fühlend, gestört vielleicht, ein Mann, der nicht lachen kann. Er ist,*

Reinhard Federmann, Milo Dor, Ingeborg Bachmann
und Paul Celan bei der Niendorfer Tagung, 1952

so scheint mir, fast immer abwesend. Ich weiß nicht, ob er bei den Lesungen überhaupt zugehört hat. Vielleicht kann er nicht zuhören, weil er immer mit sich selbst beschäftigt ist.[139]

Auch Walter Jens erinnerte sich an den ersten Auftritt Celans: *Als Celan zum ersten Mal auftrat, da sagte man: «Das kann doch kaum jemand hören!», er las sehr pathetisch. Wir haben darüber gelacht, «Der liest ja wie Goebbels!», sagte einer. Er wurde ausgelacht, so daß dann später ein Sprecher der Gruppe, Walter Hilsbecher aus Frankfurt, die Gedichte noch einmal vorlesen mußte. Die «Todesfuge» war ja ein Reinfall in der Gruppe! Das war eine völlig andere Welt, da kamen die Neorealisten nicht mit.*[140]

Kritiker der Gruppe haben aus dieser Überlieferung und aus dem Scheitern des jüdischen Dichters Paul Celan in der Gruppe 47 auf einen in der Gruppe vorhandenen latenten Antisemitismus geschlossen.[141] Ich halte das für übertrieben – die Gruppe 47 war vermutlich genauso latent antisemitisch wie die Deutschen damals auch. Das Verhalten der meisten Gruppenmitglieder gegenüber Celan war in jedem Falle kenntnislos, nicht verständnisoffen und in einem groben Maße taktlos.

Celan selbst hat, in einem Brief aus Frankfurt vom 31. Mai 1952, seiner Frau Gisèle von diesem Treffen berichtet – da ist von Antisemitismus nicht die Rede, wohl aber viel von großer Distanz Celans zu den ‹Zeitungslesern› und vom Unverständnis der meisten Gruppenautoren für seine Lyrik.[142]

Richter hat Celan später immer mal wieder zur Gruppe 47 eingeladen, doch Paul Celan kam kein weiteres Mal.

Die Niendorfer Tagung jedenfalls signalisierte unübersehbar – trotz des Unverständnisses gegenüber Celan, den immerhin sechs

Paul Celan an seine Frau Gisèle

In Niendorf Empfang mit Mißverständnissen. Frau Richter (die Frau des Schriftstellers, der mich eingeladen hatte) hielt mich für einen Franzosen und machte mir zunächst einmal Komplimente über mein so perfektes Deutsch.

[…] Am nächsten Tag die ersten Lesungen. Etwa 50 Personen saßen in der großen Halle des Hotels, in dem wir wohnten, in tiefen Sesseln – das alles erweckte den Eindruck einer Versammlung von Leuten, die sich bürgerlich mit einer Welt ausgesöhnt hatten, deren Erschütterungen sie immerhin zu spüren bekommen hatten. Nun ja. […]

Erster Waffengang. Lesungen, dann Stellungnahme der «Kritik». Worte, mit oder ohne inneren Horizont. Aber zumindest gut gesagt, an diesem ersten Tag. Vor den Fenstern, in zwanzig Meter Entfernung, das Meer, das Meer, ein immer neues Schenken. […]

Um neun Uhr abends war die Reihe an mir. Ich habe laut gelesen, ich hatte den Eindruck, über diese Köpfe hinaus – die selten wohlmeinend waren – einen Raum zu erreichen, in dem die «Stimmen der Stille» noch vernommen wurden. […]

Die Wirkung war eindeutig. Aber Hans Werner Richter, der Chef der Gruppe, Initiator eines Realismus, der nicht einmal erste Wahl ist, lehnte sich auf. Diese Stimme, im vorliegenden Falle die meine, die nicht wie die der andern durch die Wörter hindurchglitt, sondern oft in einer Meditation bei ihnen verweilte, an der ich gar nicht anders konnte, als voll und von ganzem Herzen daran teilzunehmen – diese Stimme mußte angefochten werden, damit die Ohren der Zeitungsleser keine Erinnerung an sie behielten […].

Jene also, die die Poesie nicht mögen – sie waren in der Mehrzahl – lehnten sich auf. Am Ende der Sitzung, als man zur Wahl schritt, haben sich sechs Personen an meinen Namen erinnert.

Paul Celan – Gisèle Celan-Lestrange: «Briefwechsel».
Erster Band: Die Briefe, a. a. O. (Anm. 142), S. 21–23

Gruppenmitglieder als Preisträger sehen wollten –, dass in der Gruppe 47 nun andere Töne sich durchzusetzen begannen. Sie gilt zu Recht als Datum einer ästhetischen Wende in der Entwicklung der Gruppe 47. Und diesen Eindruck bekräftigte die Wahl Ingeborg Bachmanns zur vierten Preisträgerin ein Jahr später.

Arrièregarde-Scharmützel

Die von Hans Werner Richter seit März 1952 herausgegebene Zeitschrift *Die Literatur*, in der er Bachmanns Gedicht *Dunkles zu sagen* gleich nach der Tagung in Niendorf veröffentlicht hatte, sollte so etwas werden wie das Sprachrohr der Gruppe 47. Aber schon wenige Tage nach dem nächsten Treffen der Gruppe Ende Oktober auf Burg Berlepsch bei Göttingen, nach genau acht Monaten und 16 Nummern war Schluss mit dem Zweiwochenblatt. *Die Literatur* war *ein rohes, oft wüstes Blatt, unausgeglichen, marktschreierisch, und das Bild, das es von der literarischen Lage entwarf, war trübe, also echt – echter als die Scheinglätte gekonnter Publikationen, die mit tiefen Worten und mit trainiertem Intellekt geistige Beruhigungen servierten, die sich im alten Glanze sonnten und die sensiblen Nerven schonten. Es stand blasses Zeug mehr als genug in der «Literatur», schlecht gezielte Angriffe, aber man nahm die Zeit wütend ernst.*[143] So nahm man auch die Attacke ernst, die der konservative und im «Dritten Reich» der Macht nahe, aber durchaus eigenwillige Journalist Friedrich Sieburg in der «Zeit» gegen die Gruppe 47 focht, ohne sie beim Namen zu nennen; aber da er gegen deren *Literatur*-Blatt polemisierte und die darin vertretene literarische Position unter dem Titel «Kriechende Literatur»[144] als «Untertanenliteratur» beschimpfte, die sich «den zeitgemäßen Klischees» beuge, wusste jeder, dass damit die Autoren der Gruppe 47 gemeint waren: jene Autoren, die, so Sieburg, durch ihre «Absage an das Ästhetentum die Aufmerksamkeit auf sich lenken» wollten, um «bei ihren Kriechübungen nicht durch die Anwendung von Qualitätsmaßstäben gestört zu werden».

Darauf antwortete, in der *Literatur*, Alfred Andersch mit einer Polemik. Unter dem Titel *Der Fall Friedrich Sieburg*[145] schrieb er: *Offenbar stellt sich Sieburg das Leben in einer solchen Gruppe so vor, als würden hier unter dem Bakel eines naturalistischen Oberlehrers fleißig politisch-soziale Romane als Hausaufgaben geschrieben. [...] Man wäre verführt, einiges Grundsätzliche zu sagen. [...] Aber der Anlaß dazu ist nicht gegeben. Wir sind bereit zu antworten, wenn man uns fragt. Friedrich Sieburg aber hat nicht wirklich gefragt. Er hat nicht einmal wirklich polemisiert.* Denn um polemisieren zu können, muß man seinen Gegner kennen. Und am Ende schrieb Andersch: *Laßt sie doch unter sich, die alten Nazis und die sandkuchenmürben Esoteriker! Laßt die bösen alten Herren ruhig «europäische Geistigkeit» spielen – Ihr werdet sie darin niemals erreichen –, denn wo der europäische Geist wirklich steht, das bestimmen nicht sie! Laßt sie «große Welt» spielen und auf den Turfplatz gehen – unter ihren Cutaways verbirgt sich nichts als die senile Impotenz der ewigen Zuschauer! Niemals, niemals nämlich gelangen sie auf den Rücken der Pferde.*

Noch zehn Jahre später, als er schon lange Literaturchef der «Frankfurter Allgemeinen Zeitung» war, nannte Sieburg die Schriftsteller Heinrich Böll und Günter Grass «[...] (ihr Talent in Ehren) eine trübe Gesellschaft, dem deutschen Waschküchendunst entstiegen und gegen alles gerade Gewachsene feindselig gestimmt. Eine rechte Proletariergesellschaft, der ich indes die grössten Zukunftsaussichten abzusprechen viel zu feige bin.»[146] Ein unfreiwillig hellsichtiges Urteil, denn Böll und Grass sind außer Nelly Sachs die beiden Nobelpreisträger, die die deutsche Literatur in der zweiten Hälfte des 20. Jahrhunderts hervorgebracht hat – und sie haben beide ihre Wege zum Erfolg in der Gruppe 47 begonnen. Mit Günter Grass hatte Sieburg jenen Schriftsteller genannt, der seit Mitte der 1950er Jahre eine wichtige Rolle in der Gruppe zu spielen begann und der am Ende der Dekade ihr wichtigstes Aushängeschild war.

Grass, Jahrgang 1927, gehörte mit Helmut Heißenbüttel (1921), Walter Höllerer (1922), Walter Jens (1923), Ingeborg Bachmann (1926), Siegfried Lenz (1926), Martin Walser (1927), Joachim Kaiser (1928) und Hans Magnus Enzensberger (1929) zu der nach Richter (1908), Kolbenhoff (1908), Eich (1907), Andersch (1914) und anderen nächsten Generation, die in den Jahren nach dem Niendorfer Treffen in die Gruppe kam und das literarische Gruppenbild nachdrücklich veränderte. Ihre sämtlich in den 1920er Jahren geborenen Autoren sorgten dafür, dass der von den meisten älteren Gruppenautoren favorisierte, wie auch immer variierte ‹Realismus›, der sich der Kahlschlag-Ideologie und dem Null-

Martin Walser, 1957

punkt-Glauben verdankte, abgelöst wurde von vielen Varianten der nachgeholten Moderne.

Martin Walser, der als Rundfunkredakteur Lesungen der Gruppe im Übertragungswagen des Süddeutschen Rundfunks aufgenommen hatte, sagte dabei zu Hans Werner Richter: Was die da läsen, könne er auch – und wurde von Richter prompt zur Frühjahrstagung 1953 nach Mainz eingeladen. Er las anfangs seine bei Kafka gelernte kürzere Prosa, danach aus seinem eher realistischen Roman *Ehen in Philippsburg* – nie aus dem von Proust infizierten opulenten Roman *Halbzeit*.

Zur selben Tagung wurde von Richter und Andersch auch Arno Schmidt eingeladen, und dessen damaliger Verleger Heinrich Maria Ledig-Rowohlt köderte ihn mit der Nachricht, Rowohlt beteilige sich am Preisgeld, und mit dem Gerücht, der diesjährige Preis solle an Schmidt gehen. Schmidt antwortet ihm am 9. Mai 1953: *Die Gruppe 47: Ich eigne mich nicht als Mannequin: lassen Se man! (Daß Sie den Preis vergrößern helfen, höre ich zum ersten Mal: geben Sie lieber Ihren Autoren jährlich einen aus! Die «Umsiedler» und noch mehr der «Faun» sind gut: ob sie nun den Preis der Gruppe 47 kriegen oder nicht!) Ich nähre mich lieber redlich und still vom Übersetzen als von literarischer 175erei.*

Viele Grüße, Ihr Arno Schmidt.

P.S.: Muß man bei der Gruppe 47 auch singen, oder braucht man nur nackt vorzulesen? [147]

Auch der vierundzwanzigjährige Joachim Kaiser war, durch Vermittlung Walter Maria Guggenheimers, erstmals zur Mainzer Tagung eingeladen worden und berichtete später: *Trümmerliteratur und Kahlschlag-Heftigkeiten kamen 1953 kaum mehr vor.* [148] Dafür las als Gast Walter Mehring, Jahrgang 1898. *Was er las, gefiel mir überhaupt nicht,* erinnerte sich Kaiser. *Dieser rechthaberische linke Ton, ironisch und selbstgefällig, diese schnöde Kabarett-Prosa, bei der einem flott bedeutet wird, in welche Richtung man lachen soll. Da sich niemand unmittelbar dazu äußern wollte, nahm ich mich sehr zusammen, begründete höflich, aber sorgfältig, warum ein Literaturtyp, der, viel besser gemacht, schon in den zwanziger Jahren keinerlei Unheil verhindert hatte, mir nun, 1953, gespenstisch untriftig erschiene. Niemand mochte widersprechen.* [149] Nur Christian Ferber warf sich für Mehring heftig ins Zeug. Mehring, der so gerne hatte lesen wollen, reiste wütend ab. Und Kaiser war seither mit einer Ausnahme bei jeder Tagung zugegen.

Mit Mehring war einer der alten Emigranten ins kritische Feuer der Jüngsten geraten. Im Herbst 1953 in Bebenhausen erging es Albert Vigoleis Thelen, der das erste Kapitel aus seinem großen Roman *Die Insel des zweiten Gesichts* las, auch nicht sehr viel besser – seine *umständliche, skurrile Ich-Prosa voller Raum und Zeit* passte nicht zum *scharf akzentuierten, blitzschnell zugreifenden, oft atemlosen Stil der Neueren.* [150] Die wenigen Emigranten, die von Richter zur Gruppe eingeladen wurden – neben Mehring und Thelen unter anderem Hans Sahl, Günther Weisenborn und Hermann Kesten –, waren meist ausdrücklich als Gäste [151] geladen und kamen oft nur einmal. Nur Kesten kam zweimal: Er hatte sich schon 1950 in Inzigkofen als scharfsinniger und scharfer Kritiker erwiesen; und auf Berlepsch, 1952, hatte er das von Zuhörern als *brillant* [152] empfundene einführende Kapitel zu seinem *Casanova*-Roman gelesen.

Es gab eine besondere Beziehung Richters zu Kesten, der ihm 1952 den René Schickele-Preis für junge deutsche Literatur verschafft hatte [153] und mit dem Richter eng in seiner eben gegründeten Zeitschrift *Die Literatur* zusammenarbeiten wollte, um *nach aussen hin sichtbar* zu machen, dass *die emigrierten deutschen Schriftsteller und die neuen deutschen Schriftsteller* durchaus *zusammengehö-*

*ren und sich zusammengehörig fühlen*¹⁵⁴. Abgesehen von dieser persönlichen Beziehung, die sich mit den Jahren eintrübte und zur Gegnerschaft wurde¹⁵⁵, tat sich die Gruppe 47, die sich ja als ‹junge Generation› definiert hatte, schwer mit den älteren Autoren, die aus dem Exil zurückgekommen und bekannt, ja oft auch berühmt waren. Sie wurden deshalb wie ‹atmosphärische Störungen› des Gruppenklimas wahrgenommen, zumal sie sich, wie die Erfahrung zeigte, nur schwer mit der gewohnt harten Kritik abfanden und Richter ihnen deshalb das Ritual der stumm auf dem ‹elektrischen Stuhl› hinzunehmenden Kritik nicht zumuten wollte. Vor allem aber passten sie nicht in Hans Werner Richters ‹Freundeskreis› und hätten diesen, ob sie es wollten oder nicht, stören können.¹⁵⁶

Im Herbst 1954 war auch Walter Höllerer zur Gruppe gekommen. Er hatte gerade, zusammen mit Hans Bender, die Zeitschrift *Akzente* gegründet, in der nun regelmäßig auch neue oder auf Tagungen gelesene Texte von Gruppenautoren erschienen. Diese *Zeitschrift für Dichtung* wurde eines der wichtigsten Publikationsorgane für die Literatur der Moderne, sie öffnete auch gleichsam das Fenster in die internationale Literatur. Und sie erweiterte die Publizität der Gruppe und ihrer Schriftsteller.

Ab Mitte der 1950er Jahre rückte die Gruppe 47 zunehmend ins öffentliche Interesse. In den Anfangsjahren hatten fast ausschließlich Gruppenmitglieder in der Presse über die Tagungen der Gruppe berichtet – wer sonst? –, nun nahmen immer mehr gruppenfremde Journalisten, die als Gäste an den Treffen teilnahmen, die 47er ins Visier. Und später, in den 1960er Jahren, als die Gruppe 47 wegen ihres Erfolgs auf dem öffentlichen Markt auch attackiert wurde, entwickelte sich daraus ein publizistisches Wechselspiel: Auf Angriffe gegen die Gruppe antworteten Freunde und Mitglieder der Gruppe, die wiederum Gegenangriffe provozierten.

Davon hat die Gruppe 47 wesentlich profitiert: Die Gazetten füllten sich, die Gruppe war im Gespräch. Und weil sie im Gespräch war, wurde ihr von ihren publizistischen Gegnern wiederum vorgeworfen, sie besetze wichtige Redaktionsstühle in den Medien mit ihren Mitgliedern und Freunden und okkupiere so das Monopol der öffentlichen literarischen Meinungsbildung –

ein müßiger Vorwurf, der statistisch leicht zu entkräften ist. Aber was spräche auch dagegen, dass sich die jungen Publizisten und Schriftsteller aus der Gruppe um die öffentliche Meinungsbildung bemühten? Es war ihr Beruf, damals wie zehn Jahre später – nur gab es in den 1950er Jahren noch keine so ausgeformte Kommunikationsstruktur, wie sie sich in den 1960er Jahren dann ausbildete.

Es war in den ersten Jahren notwendig, konstatierte Richter, *eine Art Kommunikation zu schaffen, die nicht da war. Denken Sie daran, daß Deutschland völlig zerschlagen war, daß wir noch keine wirklich neue Presse hatten. Wir hatten zuerst 1947 eine Art Lizenzpresse, die noch gar nicht in Bewegung war. Es gab also keine literarische Öffentlichkeit. – Zuerst haben, etwa 1948, die Rundfunkanstalten begonnen, Literatur zu treiben – in den Hörspielabteilungen, in den literarischen Abteilungen. Und hier haben wir dann mitgeholfen, zweifellos. Auch nicht sehr bewußt, oder fast unbewußt. Weil wir alle, natürlich durch die Gruppe 47, miteinander befreundet waren und nun auch mit solchen Leuten befreundet waren, die in den Funkstationen saßen, entstand dann diese Kommunikation, die man heute als Monopolstellung bezeichnet.*[157]

Massiv wurde dieser Vorwurf der literarischen Monopolisierung des Literaturbetriebs erst in den sechziger Jahren gegen die Gruppe gerichtet, als ihre Tagungen tatsächlich zu den literarischen Jahresereignissen geworden waren und danach die Zeitungen voll waren mit Berichten. Weil ebenjene Schriftsteller, die in den fünfziger Jahren zur Gruppe gekommen waren, ihre großen Erfolge hatten: Böll und Bachmann, Aichinger, Eich und Walser, Enzensberger und Grass, Hildesheimer, Lenz und Johnson und Peter Weiss. Diese neue Generation von Schriftstellerinnen und Schriftstellern wuchs in den fünfziger Jahren in der Gruppe heran und veränderte sie. Sie verdrängten die alten realistischen Erzähler wie Heinz Ulrich, Hans Jürgen Krüger, Franz Joseph Schneider, Bastian Müller, Horst Mönnich, von denen die meisten heute vergessen sind, oder besser: Sie lösten sie ab. Und mit den jungen Schriftstellern kamen auch die jungen und professionellen Kritiker wie Joachim Kaiser und Walter Höllerer, die ihr kritisches Instrumentarium an den Texten dieser Schriftsteller erprobten und ausbildeten.

Die Gruppe 47 verändert sich

Umbruchsignale

Zur 16. Tagung, die vom 13. bis 15. Mai 1955 in Berlin stattfand, kamen erstmals Günter Grass, dessen ersten Auftritt er selbst eingangs dieser Monographie erzählt hat, und Franz Tumler und als Gäste zum einzigen Male auch Erich Kästner und Rudolf Hagelstange. Auch Heißenbüttel war, durch Vermittlung von Wolfgang Weyrauch, geladen worden und hatte erstmals gelesen: sprachdemonstrative Texte, gegenüber den alten ‹Realisten› auf der extrem anderen Seite der literarischen Skala.

Über seine Erfahrungen mit der Gruppe erzählte Heißenbüttel 1981: *Ich hab Weyrauch gefragt vorher, wie es da so zugeht und was ich da machen müßte und wie ich mich vorbereiten müßte, und hab ihm dann auch gesagt, was ich vorlesen wollte. Das war die Gruppe «Topographien». Und das hat er sich angeguckt und dann gezögert und gesagt: Ich will nicht sagen, daß die Gruppe 47 reaktionär ist, aber sie sind an so was nicht so recht gewöhnt, haben Sie nicht mal was Gereimtes? Dann hab ich ein älteres Gedicht mitgenommen, ein gereimtes, und habe das zuerst vorgelesen. Das war aber irgendwie nicht richtig; die anderen, die das Befremden erregten, die machten Eindruck. Die erste Kritik kam [...]: Wenn das Gedichte sein sollen, dann weiß ich nicht mehr, was Lyrik ist; als unser Freund Günter Eich hier las, da hat das doch ganz anders eingeschlagen. Und dann sagte ein anderer, Herr Schneider: Halten Sie eigentlich Lyrik für eine Art Artillerie oder was? Und daraus entwickelte sich ein Gespräch, das aber nur aus dieser ersten Kontroverse entsprang und eigentlich so auf Null rauslief. Aber am selben Tag noch kam Günter Grass, der auch bei der gleichen Tagung zum ersten Mal da war, und da tauchte, von Hans Werner Richter formuliert, das Wort «vital» auf, und das wurde dem Grass eben so als Stempel auf die Stirn gedrückt. Das war es dann auch, er war dann der vitale Lyriker in der Gruppe 47. [...] Ich war sozusagen etwas, was sie nicht gewöhnt waren, und als der bin ich immer da drin gewesen. Die haben sich ja immer gegen «konkret» oder «experimentell» oder so was gesträubt.*[158]

Seine «tonlos, offenen, gesammelten Gesichts» vorgetrage-

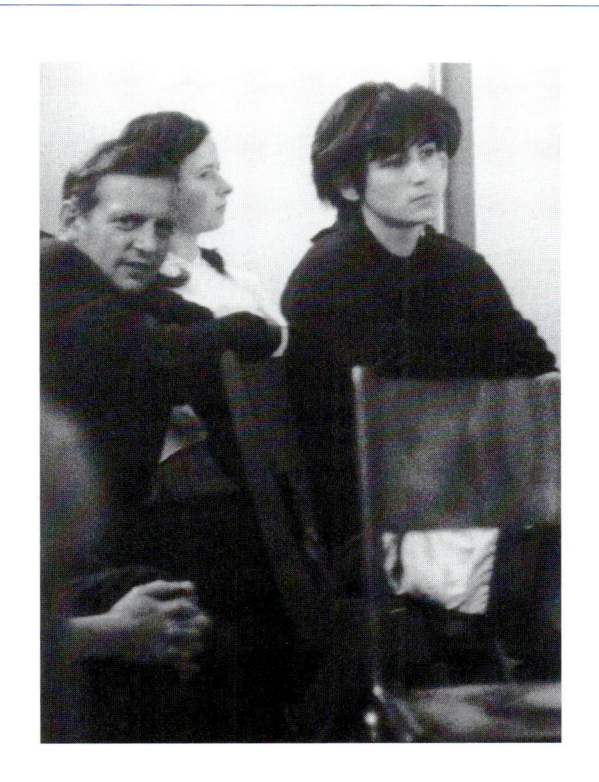

Helmut Heißen-
büttel
und Gabriele
Wohmann

nen Gedichte «mit ihren ausdruckskräftigen, kühn konzentrierten Bildern»[159] waren nicht jedermanns Sache; der damals noch in der DDR lebende Fritz J. Raddatz nannte sie «reine Assoziationslyrik», eine «Reihung von Gedankenfetzen» und «zu großen Teilen esoterischer Selbstausdruck»[160], und der Kritiker Peter Hornung, später ein scharfer Gegner der Gruppe, schrieb: «Unmotivierte Bilder und Gedankenassoziationen reihte dagegen der Hamburger Helmut Heißenbüttel aneinander. Unprätentiöser war die Lyrik von Günter Grass, doch ließ sie einen eigenen Ton vermissen.»[161] Über ihn wiederum hieß es auch: «Einen neuen, als ‹kräftig, vital und bravourös› apostrophierten Ton brachten die Gedichte des Berliner Bildhauers Günter Grass.»[162]

Nicht Heißenbüttel galt das Misstrauen des ‹Realisten› Richter, ihm gefiel, was Heißenbüttel las, auch wenn er eingestand, dass er es nicht immer verstanden habe. Richter hatte später, als die nach Grass und den anderen 1920ern dritte Generation in die Gruppe kam, also Nicolas Born, Hans Christoph Buch, Peter O. Chotjewitz, F. C. Delius, eher prinzipielle Aversionen gegen die *Höllerer-Schüler* [163], die von den Universitäten kamen und in Höllerers Literarischem Colloquium Literaturunterricht nahmen. Heißenbüttel wurde, obwohl er konsequent seine experimentellen sprachdemonstrativen Texte schrieb, eines der treuesten Mitglieder der Gruppe. *Ich habe dann in der Folgezeit immer, wenn ich was Neues hatte, es zuerst in der Gruppe 47 vorgelesen, und ich habe immer in der Gruppe 47 Dinge vorgelesen, die ich noch nie sonst vorgelesen hatte, und habe das für mich immer als eine Art Testverfahren angesehen, wobei es für mich nicht darauf ankam, ob die Kritik positiv oder negativ war, ich wollte nur wissen, w i e die Kritik läuft. Und es ist immer wieder auch mal vorgekommen, daß gerade negative Kritik mich spontan bestätigt hat in dem, was ich mir so gedacht habe.*[164]

Noch 1997 erinnerte sich Peter Bichsel: *Heißenbüttel hatte natürlich einen absoluten Sonderstatus in der Gruppe. Er las, jedenfalls in Tagungen, wo ich noch dabei war, bei den letzten vieren, ohne Kritik. Am Schluß las Heißenbüttel zur Unterhaltung der Leute. Und dann war die Tagung zuende. Er hatte in der Gruppe eine Alibi-Funktion.*[165]

So mag das später gewesen sein, als die Gruppe ohnehin nur noch ein repräsentatives Forum der literarischen Betriebs- und Marktöffentlichkeit war. In den späten 1950er Jahren wirkten die Texte Heißenbüttels in diesem Gruppenkonglomerat disparatester Poetologien und Schreibweisen noch wie ein Lackmuspapier – an ihnen rieben sich die ‹Realisten› ebenso wie die moderat Modernen, und über sie kam es zu Diskussionen zwischen diesen beiden. Nicht über Heißenbüttels Texte stritten sie sich dann, sondern über die Texte des jeweils ‹anderen Lagers› – grob gesprochen: der ‹Realisten› und der ‹Ästheten›.

Ausgerechnet während der Jubiläumstagung in Niederpöcking am Starnberger See im Herbst 1957 brach dann der Streit aus, und zwar anlässlich der Lesung Heißenbüttels, die Hans Werner Richter so erinnerte: *Die unterschiedlichsten Talente lesen. Helmut Heißenbüttel schon zum dritten Mal, er hat aber nie wirklich Erfolg. «Er zeichnete auf dem Wasser», so beginnt er. «Das, was er zeichnete, konnte man nicht als Bilder bezeichnen ... Er zeichnete auf den Pfützen und auf den Wellen des Meeres, auf den mit Wasser gefüllten Tellern und auf dem Seifenwasser in der Wanne ...»*

Zur Verblüffung aller ist der Text nur zwei Seiten lang. Dann liest Heißenbüttel einen zweiten Text mit dem Titel «Vorschlag für eine Systematik», ein abstrakter Text, den nicht alle begreifen. Nach dem Ende seiner Lesung beginnt einer mit der Frage an Heißenbüttel: «Was bedeutet das alles?» Heißenbüttel schweigt, lächelt, und ich sage: «Es ist hier nicht üblich, Fragen zu stellen.» Auch ich kann mit den Texten nichts anfangen, aber ich weiß, die Antwort Heißenbüttels wird nichts zur Klärung beitragen. Da geschieht etwas, was ich nicht erwartet habe, aber wohl hätte erwarten müssen. Ein Riß wird unter den Tagungsteilnehmern sichtbar, der sich während der ganzen Tagung nicht mehr schließen soll. Zum ersten Mal zeigen sich zwei Fraktionen, die sich in der Beurteilung zeitweise feindlich gegenüberstehen. Die Artisten, die Ästheten, die Formalisten auf der einen Seite und auf der anderen die Erzähler [...], die Realisten.[166]

Es war eine streitbare und für die Entwicklung der Gruppe wichtige Tagung: Fast alle Autoren der zweiten, nach-Richterschen Generation waren nun schon einige Jahre dabei. Die postrealistische Moderne, die fünf Jahre zuvor in Niendorf erstmals deutlich Stimme gewann, schien integriert, ja schien sogar die Bedeutung der realistischen Schreibweisen überholt und die Kriegs- und Nachkriegsstoffe erledigt zu haben. Doch dieser Schein trog. Nach den Lesungen geriet die Kritik immer wieder zum Streit. Heinrich Bölls Satire *Hauptstädtisches Journal* und Wolfdietrich Schnurres Erzählung *Freundschaft mit Adam* wurden zustimmend, Siegfried Lenz' Eingangskapitel seines Romans *Der Mann im Strom* freundlich aufgenommen, an den realistisch erzählten Kriegserfahrungen von Klaus Stephan aber begannen sich die Jüngeren, eher lustlos, zu reiben. Den deutlichen Bruch markierte, wie Richter beschrieben hat, Heißenbüttels Lesung; das verständnislose Urteil der ‹Realisten›: Masche – und: *Fingerübungen*[167]. Als dann Ilse Aichinger traumhaft-imaginierte Dialoge (*Zu keiner Stunde*) vorlas, brach in der Kritik der Streit aufs Heftigste aus: ‹Realisten› standen gegen ‹Formalisten›, wie Berichterstatter überliefert haben, und: «Die Realisten drohten damit, die Tagung zu verlassen.»[168] Es drohte, was Hans Werner Richter stets um jeden Preis vermeiden wollte: eine ästhetische oder poetologische Grundsatzdebatte. Auch diesmal gelang es Richters diplomatischem Unschärfetalent, sie zu verhindern; er ließ verlauten, auch er könne mit diesen surrealistischen Texten nichts anfangen, aber da es um sie ein Pro und Contra gebe, müsse doch etwas dran sein. Und so erreichte er, «daß die feindlichen Fraktionen zusammenblieben, auch wenn sie kaum noch ein Wort miteinander sprachen»[169].

Streit war ja nicht unüblich in den Diskussionen. Aber nicht Feindschaft und schon gar nicht demonstrierte *Geringschätzung, wenn nicht Verachtung gegenüber der Literatur von gestern oder gegenüber einer Literatur, die sie für gestrig halten*[170]. Sodass Richter nach der Tagung dachte, nun sei das Ende der Gruppe 47 gekommen, weil die Gruppe ihre Funktion verloren habe.

Aber nicht nur über die Texte, auch über die Form der Kritik wurde in Niederpöcking gestritten, und auch dieser Streit geriet ins Prinzipielle, und zwar in der Diskussion über Ingeborg Bachmanns Lesung, insbesondere über ihr Gedicht *Liebe, dunkler Erdteil*. Wenigstens einmal in dieser kleinen Geschichte der Gruppe 47 will ich hier eine solche Diskussion auszugsweise so dokumentieren, wie sie stattgefunden hat.[171] Und man sehe jedem der von mir im Zitat Vorgeführten nach, dass es sich hier um Spontankritik handelt, es also, obwohl Literaten sprechen, nicht um Druckreife geht.

Als die Kritik nach der Bachmann-Lesung beginnt, kommt es erst einmal zu Missverständnissen: Wie war eigentlich der Titel des Gedichts? «Liebe, dunkler Erdteil» oder «Lieber dunkler Erdteil»? Von Exotismus wird gesprochen und von modischer Draperie, und man gerät auch wieder an grundsätzliche Fragen der Kritik und ihrer Grenzen. Als Ersten ruft Hans Werner Richter Carl Amery auf. Zu Wort kommen danach unter anderem Martin Walser, Hans Magnus Enzensberger, Wolfdietrich Schnurre, Walter Höllerer, Joachim Kaiser:

Amery: *Auf die Gefahr hin, mit was Drittrangigem anzufangen, was rein die Kritik betrifft: Ich möchte die Intention des zweiten Gedichts befragen, des «Lieber dunkler Erdteil». Und zwar […] kommt mir eine Parallele in den Sinn, die ich mir auszureden bitte, mit dem D. H. Lawrence, mit der Geschichte «Die Frau, die wegritt». Die Frau, die reitet weg und geht zu den Indianern und wird dort in einem Ritualmord, in einer Opferfeier, mit dem Obsidianmesser hingeschlachtet. Und zwar hat*

1957

Ingeborg Bachmann
Liebe, dunkler Erdteil

Der schwarze König zeigt die Raubtiernägel,
zehn blasse Monde jagt er in die Bahn,
und er befiehlt den großen Tropenregen.
Die Welt sieht dich vom andren Ende an!

Es zieht dich übers Meer an jene Küsten
aus Gold und Elfenbein, an seinen Mund.
Dort aber liegst du immer auf den Knien,
und er verwirft und wählt dich ohne Grund.

Und er befiehlt die große Mittagswende.
Die Luft zerbricht, das grün und blaue Glas,
die Sonne kocht den Fisch im seichten Wasser,
und um die Büffelherde brennt das Gras.

Ins Jenseits ziehn geblendet Karawanen,
und er peitscht Dünen durch das Wüstenland,
er will dich sehn mit Feuer an den Füßen.
Aus deinen Striemen fließt der rote Sand.

Er, fellig, farbig, ist an deiner Seite,
er greift dich auf, wirft über dich sein Garn.
Um deine Hüften knüpfen sich Lianen,
um deinen Hals kraust sich der fette Farn.

Aus allen Dschungelnischen: Seufzer, Schreie.
Er hebt den Fetisch. Dir entfällt das Wort.
Die süßen Hölzer rühren dunkle Trommeln.
Du blickst gebannt auf deinen Todesort.

Sieh, die Gazellen schweben in den Lüften,
auf halbem Wege hält der Dattelschwarm!
Tabu ist alles: Erde, Früchte, Ströme ...
Die Schlange hängt verchromt an deinem Arm.

Er gibt Insignien aus seinen Händen.
Trag die Korallen, geh im hellen Wahn!
Du kannst das Reich um seinen König bringen,
du, selbst geheim, blick sein Geheimnis an.

Um den Äquator sinken alle Schranken.
Der Panther steht allein im Liebesraum.
Er setzt herüber aus dem Tal des Todes,
und seine Pranke schleift den Himmelssaum.

Aus: Ingeborg Bachmann: Werke. Hg. v. Christine Koschel, Inge von
Weidenbaum, Clemens Münster. Erster Band, München, Zürich 1978, S. 158

sie das gern, she likes it. [Gelächter] Aber ich bin verwirrt, denn es heißt einmal, daß sie hinstarrt auf den Todesort, und am Schluß springt der Panther [...] wieder aus dem Tal des Todes. Ich weiß nicht, ob das einen kausalen Sinn hat, ob die Bannung durch den Tod, der aus dem lieben dunklen Erdteil kommt, aus den Tabus und allem – ob diese Bannung sozusagen durchbrochen wird oder nicht? Das weiß ich nicht. Es gibt zum Beispiel Zeilen im Gedicht wie «Um die Büffelherde brennt das Gras» oder «Um deine Füße kringeln sich Lianen». Die sind meines Erachtens, jetzt ganz relativ gesprochen, für Ingeborg Bachmann nicht up to standard, meines Erachtens. Die sind nicht das, was ich gewöhnt bin, wenn ich ein Gedicht von ihr lese.

Höllerer: *Zunächst mal muß man den Titel richtigstellen. Also ich hab verstanden: «Liebe, dunkler Erdteil» oder heißt das «Lieber dunkler Erdteil»?*

[Titel wird geklärt]

NN: *Also ich hänge ja, ehrlich gestanden, an dem gleichen Gedicht. Ich finde, daß der Exotismus dieses Gedichtes, der so in Reimen vor sich hin dichtet, bis in Unendliche fortgesetzt werden könnte, ohne daß sich irgendetwas ändert. Ich finde, das ist also einfach ein bißchen modische Draperie. Ich spreche von diesem einen Gedicht.*

Höllerer: *Afrika hin und her, aber die Büffelherden, die Schlangen und so weiter, ich glaube, das haben wir schon zu Beginn des 19. Jahrhunderts in größter Ausführung gehabt.*

[Jemand wirft den Namen Freiligrath ein.]

NN: *Wenn dieses Gedicht mit Freiligrath verwechselt wird, dann sag ich, dann kann hier jemand nicht mehr kritisieren.*

[Durcheinander]

Walser: *Bloß weil Afrika genannt wird und weil in der Literaturgeschichte steht, Freiligrath habe über Afrika geschrieben – nehmt doch die Metaphorik, den Rhythmus, ich will jetzt gar nicht über dieses Gedicht sprechen – aber es ist Unsinn, solche Vergleiche heranzuziehen.*

Enzensberger: *Ich möchte mal von dem einen Gedicht ein bißchen wegkommen. Was in der bisherigen Kritik etwas angeklungen ist, scheint mir nämlich doch auch für einige der anderen Gedichte zu gelten. Es sind eben für Ingeborg Bachmann einfach sanftere Tage gekommen, ich möchte fast sagen, weichere. Und, ja, vielleicht kann man darüber nicht rechten oder vielleicht ist das gar keine Kritik mehr, aber ich muß sagen, die härteren waren mir lieber.*

Ingeborg Bachmann mit Roland H. Wiegenstein bei der Tagung in Niederpöcking, 1957

Schnurre: *Ich möchte noch mal zu dem Wort «Exotismus» kommen. Wenn ein Mensch, der ein Gedicht schreibt und hat die Vision von Büffel, Elefant oder Panther, was es ist, warum muß der jetzt in dem Augenblick, wo er diese Vision oder Idee oder Gedanken hat, jetzt erst überlegen und die Literaturgeschichte wälzen und nachsehen, ob das schon mal da war? Wenn er's in seiner Form sagt und sagen kann – und das ist ja wunderbar gesagt –, warum soll er sich dann darum scheren, daß das irgendwo schon mal aufgezeichnet ist, daß das irgendein Fremdwort hat. Das war doch ganz echt.*

Richter: *Jetzt muß ich die Kritik verteidigen, Amery hat nicht angefangen ... Amery hat von den Sätzen gesprochen.*

Amery: *Ich hab auch die Dings ... auch nicht von der Exotik her als solcher gemeint, die Sache mit dem Lawrence, nicht? Das hoff ich, klargemacht zu haben.*

Richter: *Er hat von der Form gesprochen, nicht vom Gegenstand.*

NN: *Nein, das ist nicht ganz richtig. Er hat es mit Lawrence verglichen. Also von dem Inhalt hat er gesprochen.*

Richter: *Ich finde etwas erstaunlich ... Ich finde, jetzt, im Augenblick ... und muß sagen, es gefällt mir nicht ganz. Ich merke hier bei einigen eine gewisse Verstimmung, weil die Kritik scharf ist ...*

[Durcheinander]

Kaiser: *Nicht Verstimmung, habe ich das Gefühl, wenn die Kritik falsch ist, sondern man hat das Gefühl, wenn verschiedene Lager aufkommen, die sind sich gegenseitig fast böse und haben das Gefühl, wie ist's möglich, daß der andere das sagt, das ist doch denkunmöglich. Wir sind aus dem Stadium des Experimentierens, wo jemand auch in Gottes Namen mal übers Ziel hinausgehen kann, raus, sondern er wird immer gleich auf diese Weltanschauung festgelegt: Und das hast du gesagt, wie war denn das möglich. Und das scheint mir, ist gefährlich, denn dadurch wird das, was gesagt wird, allmählich zum Zeitungsartikel. Man muß sich so vorsehen, als ob es gedruckt wäre. Und daran liegt es, das hängt mit der Verstimmung zusammen.*

NN: *Ich meine, das hängt damit zusammen, daß immer Forderungen hier gestellt werden. Es wird immer gesagt: Das darf man, das darf man nicht. Wieso, wer bestimmt das?*

Dieser nur knapp sieben Minuten lange Ausschnitt aus der kritischen Debatte ist in mancherlei Hinsicht interessant. Zum einen beharrt Richter auf der Schärfe der Kritik, zum andern will er sie auf die Formaspekte begrenzen – Inhalte, merkwürdig wenigstens bei Gedichten, sind offenbar tabu, wohl weil ihre Diskussion ins Programmatische verführen könnte. Kaiser spielt an auf den Verlust des Werkstattcharakters der Kritik – erhellend dazu, was er in einem Bericht über diese Tagung schreibt: *Man spürt, daß die Gruppe 47 allmählich nur noch ‹Spaß› macht – sie ist in Gefahr, ihre Funktion zu verlieren. […] allzu häufig lesen gerade die Prominenten aus bereits Gedrucktem vor. Die Kritik kann sich nicht mehr darauf berufen, Hilfestellung zu sein. […] man kritisiert etwas, was nicht mehr zu ändern ist.*[172] Übrigens war auch Ingeborg Bachmanns Gedicht bereits gedruckt. Kaisers Unbehagen wird auch von der letzten ‹kritischen Stimme› artikuliert, die fragt, wer denn eigentlich bestimme, was man dürfe und was nicht. Dies, zusammen mit Kaisers Bemerkung, man müsse sich so *vorsehen, als ob es gedruckt wäre*, verweist auf den sich verändernden Charakter der Kritik in der Gruppe: Es wird ein Vorschein davon sichtbar, was Jahre später, nachdem die dritte Generation von Schriftstellern auf den Stühlen der Gruppe 47 Platz genommen hatte, mit zu ihrem Ende beiträgt: immer fester sich fügende gegensätzliche Vorstellungen von Literatur, die von einer immer mehr professionalisierten Kritik als unanfechtbar ausgegeben werden.

Vorstellungen von dem, was literarisch ‹richtig› sei, stehen nun gegeneinander, programmatische Präfixierungen blitzen auf, sie machen sich geltend in Statements, die mehr wertende Gültigkeit beanspruchen als spontane und vorläufige Textannäherungen. Unbehagen drückt sich aus an einer Form der Kritik, der bald das negativ gemeinte Epitheton ‹akademisch› angeheftet wird. Ich möchte freilich eher von einer ‹Rhetorisierung› der Kritik sprechen – die wachsende Phalanx der Nur-Kritiker, die bald nach der Tagung in Niederpöcking die Diskussionen der Gruppe beherrscht, ja sich eigentlich zwischen die lesenden und die zuhörenden Autoren schiebt und beide voneinander isoliert, ist dafür ein wesentlicher Grund. Da die Kritiker nicht auch eigene Texte, Essays oder Rezensionen zum Beispiel, lesen, müssen sie ihre Bedeutung auf andere Weise dokumentieren: durch rhetorische Brillanz, durch phraseologische Feuerwerke, deren Substanz allerdings – wie die überlieferten Tondokumente belegen – in den rhetorischen Verpackungen meist stecken bleibt.

Von der Kritikwerkstatt zur Literaturbörse

Im zehnten Jahr der Gruppe wird offenbar, wie wenig es noch um handwerkliche Manuskriptarbeit unter Autoren geht, wie sehr die Kritik nun ihren experimentellen – Texte wägenden, Vorschläge zur Manuskriptkorrektur gesprächsweise entwickelnden – Charakter verliert und sich in Wertung und Selbstdarstellung verwandelt. Vor allem ihre wertenden Elemente transformieren – bei wachsender Öffentlichkeit, Markt- und Börsenfunktion der Tagungen – die Gruppe immer mehr; nun machen, wie Ingeborg Bachmann einmal gesagt hat, die Autoren vor den Tagungen *ihre Hausarbeiten*, sie schreiben ihre Texte eigens für die Treffen der Gruppe: auf positive Kritik bedacht und aufs Ankommen bei den Journalisten und noch mehr den Verlegern und Lektoren, auf gute Noten also und auf Wirkung in der Öffentlichkeit – so sie nicht ohnehin Texte vorlesen, die schon gedruckt sind. Andererseits wirkt eine Kritik, deren Wertungen durch immer selbstsicherere Rhetorik sich zunehmende öffentliche Wirkung verschaffen, so auf die Herstellung bzw. die Auswahl der Texte ein, mit denen sich Autoren in die nun öffentlich wirkungsvolle Gruppe wagen.

Siegfried Unseld und Heinrich Böll in Niederpöcking, 1957

Aus der Werkstatt der Gruppe 47 wurde durch ihren öffentlichen Erfolg und die ihn produzierende, zweifellos Showelemente enthaltende Kritik ein literarisches Schaulaufen mit Notengebung und Miss-Wahl.

Kein Wunder, dass die Schriftsteller, aber auch die Journalisten und Verleger, auf die Teilnahme an diesen inzwischen von allen Medien publizierten Treffen versessen waren. Hans Mayer, selbst einer ihrer Starkritiker, hat diese Wandlung der Kritik später als einen wesentlichen Grund für das Ende der Gruppe beschrieben: *Jäh travestierte sich auch die Kritik, die ursprünglich kameradschaftlich und zunftgerecht gewesen war, in prominentes Expertentum, wobei sie selber als Ware auf dem Markt erschien. Kritik dementierte zur Marktexpertise, empfand sich selbst als solche und verhielt sich von nun an marktgerecht.*[173]

Nach Niederpöcking gerieten die Tagungen der Gruppe zunehmend zur Literaturbörse, und die Kritik geriet zum Vorlektorat für Verleger, die, weil sie inzwischen zu den Sponsoren der Tagungen gehörten, ihre Lektoren dorthin schicken durften.[174] Die Gruppe veränderte sich grundsätzlich.

Ein Jahr später, 1958 auf der Tagung in Großholzleute im Allgäu, ist diese Entwicklung vollzogen. Hans Werner Richter: *Es gibt jetzt drei Gruppen vor mir im Saal. Die Gruppe jener, die nur noch zuhören und sich nur in den Pausen äußern, meistens mit wohlwollenden Worten für jene, die Mißerfolg hatten, mit «So schlecht war das gar nicht, was Sie gelesen haben» oder «Machen Sie sich nichts daraus, die eine Passage hat mir glänzend gefallen», oder ähnlichen Sätzen. Dann die Gruppe der Kritiker, die nicht lesen, aber alles besser wissen. Und schließlich eine Gruppe junger Autoren, die erst seit wenigen Jahren dabei sind und sich auch von dem brillantesten Kritiker nicht imponieren lassen. Zu ihnen gehören: Günter Grass, Martin Walser, Hans Magnus Enzensberger, Heinz von Cramer, Carl Amery. Jetzt ist es wirklich eine neue, verjüngte «Gruppe 47». Aber ist es noch meine Gruppe? Ich weiß es nicht.*[175] Und erstmals sitzen die Kritiker alle in einer Reihe – der ersten: Walter Höllerer, Joachim Kaiser, Walter Jens, Walter Mannzen – und nun auch Marcel Reich-Ranicki; ein Jahr später komplettiert Hans Mayer diese Phalanx.

Und was in Niederpöcking sich angekündigt hatte, wurde in Großholzleute institutionell – nicht als Ergebnis eines wohl durchdachten Plans, wie Kritiker der Gruppe anmerkten, sondern als natürliches Ergebnis der Entwicklung in einem wieder funktionierenden Literaturbetrieb, der hungrig auf verwertbare Literatur war. Und dieser Hunger wurde in Großholzleute bestens bedient. Günter Grass las dort das erste Kapitel seiner *Blechtrommel*, und um ihn herum wurden in der Erinnerung alle anderen Lesun-

---

Günter Grass: Die Blechtrommel

Unter Glühbirnen geboren, im Alter von drei Jahren vorsätzlich das Wachstum unterbrochen, Trommel bekommen, Glas zersungen, Vanille gerochen, in Kirchen gehustet, Luzie gefüttert, Ameisen beobachtet, zum Wachstum entschlossen, Trommel begraben, nach Westen gefahren, den Osten verloren, Steinmetz gelernt und Modell gestanden, zur Trommel zurück und Beton besichtigt, Geld verdient und den Finger gehütet, den Finger verschenkt und lachend geflüchtet, aufgefahren, verhaftet, verurteilt, eingeliefert, demnächst freigesprochen, feiere ich heute meinen dreißigsten Geburtstag und fürchte mich immer noch vor der Schwarzen Köchin – Amen.

Günter Grass: Die Blechtrommel, Darmstadt, Berlin-Spandau, Neuwied am Rhein 1959, S. 731f. [Rechte bei Steidl, Göttingen]

gen nebensächlich. Über Nacht stieg Grass auf zum literarischen Star. Die Verleger rissen sich um ihn – selten hatte ein unbekannter Autor mit einem noch unvollendeten Manuskript so sehr die freie Auswahl unter ihnen wie Grass. Die Euphorie des Siegens erfasste die ganze Gruppe, und Richter rief erstmals seit 1955 wieder zur Wahl eines Preisträgers auf. Damals hatte sich Martin Walser noch mit 1000 DM Preisgeld begnügen müssen – diesmal stifteten elf deutsche Verlage 5000 DM. Und der Glanz des Preisträgers Grass strahlte in die Öffentlichkeit und von dort auf die Gruppe 47 zurück.

Noch mehr als zuvor drängten nun Autoren und Kritiker, Verleger und Lektoren auf die Tagungen, von denen sie sich, jeder auf seine Weise, Gewinn versprachen.[176] Aber auch die Gruppe profitierte von den Verlagen, die ihren Autoren mitunter die Reise zum Schaulaufen bei der Gruppe 47 finanzierten.[177] Und Richter, mit Hinweisen auf mögliche Gäste nun von allen Seiten versorgt, lud viele ein: Die Tagungen gerieten darob zu literarischen Großveranstaltungen. Und immer mehr von den alten 47ern sagten ab. Auch Heinrich Böll: *Ich nehme nicht mehr an den alljährlichen Tagungen regelmäßig teil. Und zwar aus einem Grund, den ich sehr einfach definieren kann, aus einem quantitativen, keinem qualitativen Grund. Tagungen, an denen 150 Autoren, Kritiker, Verleger, Filmleute, Fernsehen und so weiter teilnehmen, bereiten mir eine solche Qual, daß ich nur sehr ungern dorthin gehe. Andererseits sind die Tagungen der Gruppe 47 für mich die einzige Gelegenheit, alte und sehr gute Freunde wiederzusehen, die ich sonst nie sehe [...]. Ich fürchte, daß die Gruppe 47 nicht etwa in einer Krise ist, sondern sich zu wandeln beginnt. Sie hat eine wunderbare Funktion gehabt, sie hat Autoren zusammengeführt, sie hat Freundschaften gestiftet, einen bestimmten Stil der Kritik entwickelt. Aber sie ist ein bißchen in Gefahr, zur Institution zu werden.*[178]

Die Institutionalisierung der Gruppe 47 als Literaturbörse hatte natürlich ihre Schattenseiten. Nicht jeder Autor, der las, hatte ja eine *Blechtrommel* zu bieten. Und Autoren, die durchfielen, hatten es durchaus schwer, einen Verlag zu finden.

Zu den Kritikern dieser Entwicklung gehörte auch Alfred Andersch: *Der Anfang war sehr, sehr gut. Das war wirklich eine Zusammenkunft von zwanzig, dreißig Leuten, die schrieben, naiv genug waren, sich gegenseitig ihre Sachen vorzulesen und auch das Vorgelesene loyal zu kritisieren oder anzuerkennen, je nachdem. Im Anfang ging es sehr loyal zu, aber die Gruppe wurde dann zum literarischen Markt. Die Verleger, die Rundfunkleute, die Fernsehleute kamen und sorgten für eine für einen literarischen Freundschaftskreis ganz unmögliche Publicity.*

Wenn ein Autor das Pech hatte, etwas zu lesen, was nicht ankam, dann stürzten sich die Verleger keineswegs auf ihn, sondern der war dann eigentlich geschädigt durch seine Teilnahme an dieser Tagung, während andere, die dann erfolgreich debütierten in der Gruppe – da spielten sich also, ich habe das beobachtet, die unschönsten Konkurrenzkämpfe der Verleger um diesen Autor statt.

Frager: Fanden da Hinrichtungen statt?

Andersch: [...] Da fanden Hinrichtungen statt – oder Überschätzungen.

Frager: Beispiele?

Andersch: Nein.[179]

So konnte der berühmt-berüchtigte *elektrische Stuhl* zum Schleudersitz werden: zum Ruhm oder zum Absturz. Und es hat Autoren gegeben, die bereits die ersehnte Einladung Hans Werner Richters zu einer Tagung der Gruppe 47 in der Tasche hatten und dann kurz davor absagten, weil sie das Risiko einer solchen Lesung nicht eingehen wollten. Später freilich, als der Buchmarkt für Belletristik immer größer wurde und sich die Kritik in der Gruppe immer mehr verselbständigte, spielte ein Verriss in der Gruppe keine so verhindernde Rolle mehr; dabei gewesen zu sein, war schon eine Auszeichnung für die jungen Autoren.

Die jüngeren Autoren empfanden das jedenfalls so, und sie bewerteten das anders als die alten, als beispielsweise Andersch und Böll. Denn sie hatten die alte Gruppe ja nicht erlebt, hatten deren Kameraderie nicht erfahren; sie sahen nur noch die wirkungsvolle öffentliche Bühne, die ihnen mit einer Lesung vor der Gruppe 47 geboten wurde. So ist auch die positive Einschätzung von Fritz J. Raddatz nicht verwunderlich, der erst 1959, und zwar als Cheflektor des Rowohlt Verlags, zur bereits verwandelten Gruppe kam: *War die «Gruppe 47» auch literarischer Markt, war sie Agentur für Verlage, ein Vorlektorat sozusagen, ein vorverlagertes? Man muß sagen: ja. Natürlich war sie das, und Gott sei dank war sie das. Ich habe nie ganz akzeptieren können, warum das eigentlich ein Vorwurf war. Auch hier muß man historisch argumentieren und historisch sehen. [...]*

Hans Magnus Enzensberger, Hans Schwab-Felisch und Fritz J. Raddatz, 1962

Es hatte natürlich auch negative Aspekte, das darf man nicht unter den Tisch kehren. Negative Aspekte, daß die Autoren ungeheuer verängstigt waren, weil sie wußten, hier geht es um Kopf und Kragen. Fällst du durch, kriegst du kein Verlagsangebot. Oder gar Autoren, die gerade mal anfingen, ein zweites Mal lasen, auf den Bauch fielen, der Verleger sich gar zurückzog. Es war dann zum Schluß für Autoren, glaube ich, manchmal ziemlich hart, wie ich gesagt habe, Härtetest, weil dann auch allmählich kommerzielle Interessen mit hineinspielten.[180]

Hans Werner Richter hat das alles wohl kommen sehen, er hat auch Versuche unternommen, dieser Entwicklung entgegenzusteuern, konnte sie aber nicht mehr verhindern. Die Tagung 1960 in Aschaffenburg mit jenen von Böll erwähnten an die 150 Teilnehmern wurde zum Menetekel: Kritische Diskussionen, die diesen Namen verdienten, waren kaum mehr zu führen, zudem hatte Richter, um die Kritik wieder in ihre alte Funktion zu setzen, einigen alten Freunden wohl die falschen Verhaltensregeln ausgegeben. Ein Beispiel, das Heißenbüttel erzählt: *1960 war Kolbenhoff nach ein paar Jahren wiedergekommen und hatte nach Illustriertenarbeit wieder was geschrieben und vorgelesen. Weil Richter gesagt hatte, gegen diese progressiven Autoren soll man ein bißchen schärfer vom Leder ziehen, fühlten sich dann einige von den Berufskritikern auch bewogen, das zu tun, und dann gab's die falschen Opfer. Der erste, der durchfiel, war der Holländer Morriën, der ging völlig baden. Aber auch Kolbenhoff. Der war so schockiert, weil er von der Integrität der alten Gruppierung ausging und sich nicht vorstellen konnte, daß man über ihn so negativ [redete]. Der saß draußen und heulte. [...] Und Johnson hat vorgelesen, das «Dritte Buch über Achim». Das wurde als vollkommen unverständlich bezeichnet.*[181]

Das sind Momentaufnahmen, gewiss. Aber sie erhellen doch eine Szene, auf der von jenen Grundsätzen, die Richter in seinen Briefen an Rudolf Walter Leonhardt 1961 und an Fritz J. Raddatz 1966 nachträglich formuliert hat, kaum mehr etwas geblieben war. Deshalb hat Richter nach Aschaffenburg versucht, Konsequenzen zu ziehen: *[...] auch um die Entwicklung zur Massenkundgebung zu stoppen, blieb mir nicht anderes übrig, als die Einladungsliste stark zusammenzustreichen. Von hundertvierzig Einladungen bleiben sechzig übrig ... das heißt nur Schriftsteller,* schrieb er im September 1961 an einen Freund[182]; und Martin Walser applaudierte: *Lieber Hans Werner, gratuliere zur versuchten Rettung der Gruppe durch Ausladung der Zaungäste. Wenn es Dir jetzt noch gelänge, die törichte Presseberichterstattung abzubauen, dann könnte man tatsächlich offen reden. Also bis Göhrde!*[183]

Uwe Johnson bei der Tagung in Aschaffenburg, 1960

DAS ENDE DER KUMPANEI

Der Unmut vor allem alter Mitglieder der Gruppe über die akademische Professionalisierung der einst freundschaftlich-handwerklichen Kritik und über die Verwandlung des Freundeskreises in eine Massenveranstaltung des Literaturbetriebs entlud sich geradezu beispielhaft in einem internen Streit über einen Mann, der innerhalb des bislang stimmigen Kanons seine eigene Melodie zu pfeifen begann. Noch am 4. September 1959 hatte Hans Werner Richter an Marcel Reich-Ranicki, der im Juli 1958 aus Polen in die Bundesrepublik gekommen war und bereits an der Tagung in Großholzleute teilgenommen hatte, geschrieben: *Lieber Marcel Ranicki, […] ich kann Sie als Kritiker nicht mehr entbehren. Es wird Ihnen wahrscheinlich nicht entgangen sein, daß Sie einen neuen Ton in die Diskussion getragen haben, bei aller Schärfe ein Ton echter und nicht angenommener Toleranz, und genau dieser Ton ist es, den die Gruppe braucht.*[184] Zwei Jahre später meinte Richter (und nicht nur er), dass die Gruppe an der mit eben solchen Tönen geführten Kritik zu zerbrechen drohte. Er wandte sich an Siegfried Lenz, der mit Reich-Ranicki befreundet war, und bat um Rat.

Richters Brief an Lenz vom 26. September 1961 spiegelt die Diskussion über die sich verändernde Rolle der Kritik innerhalb der Gruppe 47 und den Zustand der Gruppe am Anfang der 1960er Jahre so exemplarisch, dass er hier ausführlich zitiert werden soll:

Nun aber hat sich gegen Ranicki eine starke Opposition innerhalb der Gruppe 47 gebildet. Sie geht vorwiegend aus von Eich, Aichinger und Hildesheimer, aber inzwischen haben sich auch andere angeschlossen… sie erstreckt sich auch auf Hans Mayer, doch das ist im Augenblick kein Problem. […]

Was soll ich tun? Sie alle wollen an den Tagungen der Gruppe nicht mehr teilnehmen, wenn ich Ranicki weiterhin einlade. Der angegebene Grund ist: Die Kritik wird allzu akademisch, offiziell, hat innerhalb der Gruppe ein Eigenleben, und dient nicht dem Autor, sondern schadet ihm. Das, was dort gesagt wird, eben von jenen Berufskritikern, könne man auch in den Zeitungen lesen, und damit hätte die Gruppe ihre eigentlich ursprüngliche Aufgabe verfehlt, nämlich das kritische Gespräch unter Autoren. Die Fachkritik, wobei es fragwürdig sei, ob diese Fachkritiker überhaupt über ein Privileg dieser Art verfügten, sei von Übel. Dabei würden nicht Freundschaften gebildet, sondern zerstört, und auch das

Marcel Reich-Ranicki und Walter Jens, 1962

Kommunikationselement der Gruppe, das sich so stark in den letzten und auch vorletzten Nachkriegsjahren ausgewirkt hätte, ginge verloren. Ranicki sei gerade hier ein toter und störender Punkt. Sein mangelndes Gefühl für Freundschaften, seine Eitelkeit, sein sich Anpassen an gerade herrschende Linien, seine, wie man sagt, Verballhornung der literarischen Nachkriegsentwicklung, das alles sei auf Dauer unerträglich. Es genüge, wenn man das in der Zeitung läse. In der Gruppe möchte man es nicht haben. Ranicki gehöre einfach nicht zur Clique, so wenig wie Hans Mayer. Diese Ansicht teilen auch Leute wie Enzensberger, Kaiser und andere.

Was soll ich tun? Lade ich Ranicki weiterhin ein, so muß ich damit rechnen, daß die Gruppe auseinanderfällt. Gewiß, ich könnte ihn noch eine Weile starrköpfig gegen eine solche Opposition halten, aber auch meine Gefühle gegenüber Ranicki sind nicht mehr sonderlich freundschaftlich. Zwar hatte ich immer Spaß an seinem «Glaskopf», doch habe ich im letzten Jahr zuviel gelesen, was mir herzlich mißfallen hat, leider auch in katholischen Blättern. Die Gruppe 47 aber ist nun einmal eine auch politisch engagierte Gruppe und hat eine in dieser Hinsicht weitgehend einheitliche Mentalität. Ranicki hat das nie bemerkt. Das war sein Fehler. Um diese Einheitlichkeit geht es mir in der kommenden Zeit, und Grass hat Recht, wenn er sagt: «Jetzt muß die Gruppe strapaziert werden.»

Wäre ich allein, so könnte ich mir Ranicki noch eine Weile leisten. Wir haben uns in den fünfzehn Jahren der Existenz der Gruppe schlimmere und gefährlichere Leute geleistet. Aber wir leben nicht mehr im Jahr 1953 oder 54, und die Opposition, die da mehr von konservativer Seite kommt, ist ernst und böse. Wie hat der Gute das nur fertig gebracht?

Da ich jedoch auf meine alten Freunde ... Eich, Aichinger, Hildesheimer ... nicht verzichten kann und will, so weiß ich mir keinen anderen Ausweg, als Ranicki zu schreiben und ihn zu bitten, für mein Verhalten Verständnis aufzubringen.[185]

Ein in vieler Hinsicht bemerkenswerter Brief: Er enthüllt vieles vom persönlichen Geflecht, das die Gruppe durchzog, deutet auf die zunehmenden Probleme und Schwierigkeiten im literarischen Gespräch: also der Kritik, verweist auf persönliche Idiosynkrasien und vorhandene Polarisierungen. Und er zeigt vor allem klar, wie sehr für Richter die Kritik in der Gruppe immer auch eine Funktion der Freundschaftsverhältnisse war, um die es ihm eigentlich ging. Das entspricht durchaus – freilich auf andere, nur formal anwendbare Weise – dem ‹Konzept›, das Richter insgeheim für die Gruppe hatte.

Nun aber verwandelte sich die Gruppe grundsätzlich, quantitativ, und dadurch auch qualitativ; denn Freundschaftsverhältnisse, durch welche die Gruppe einmal entstanden war und wie sie sich dann mit den Jahren weiter herausbildeten, konnten die Gruppe in den 1960er Jahren nicht mehr tragen – zu heterogen, ja zu diffus wurde das heran- und anwachsende Personal. Und Schriftsteller kamen in die Gruppe, von deren Literatur die alten Gruppenmitglieder oft nur noch wenig begriffen. *Die Gruppe bestand nun plötzlich aus 1) relativ erfolgreichen, 2) relativ alten Leuten,* erzählte Joachim Kaiser.[186] *Wo Richter nun tatsächlich ein älterer Herr war, jetzt war ihm die junge Literatur verhältnismäßig fern gerückt. Da kannte er sich, grob gesagt, nicht mehr so aus. Da kannten wir uns auch nicht mehr aus. [...] Es war ein Generationsgegensatz auch innerhalb der Gruppe, und vor allen Dingen war es der Umstand, daß Hans Werner Richter und der innere Kreis der Gruppe über die damals 20jährigen, also über die Brinkmanns und über die ganz moderne und auch lyrische Literatur, die konkrete Poesie usw. – das lag diesen Realisten eigentlich nicht. Und darum bekam die Gruppe etwas nicht mehr ganz Kompetentes für den jeweils vordersten Standpunkt der Literatur.*

Die Gruppe erneuerte sich Anfang der 1960er Jahre schnell. Eine neue Generation kam in die Gruppe mit unter anderen Peter Rühmkorf, Ludwig Harig, Elisabeth Borchers, Gabriele Wohmann, Herbert Heckmann, Jürgen Becker, Jakov Lind, Dieter Wellershoff. Und während in den 1950er Jahren zu den Tagungen immer nur wenige neue Mitglieder eingeladen wurden, sah in den 1960er Jahren jede Tagung viele neue und junge Gesichter: Mit der Berliner Tagung 1962 kamen unter anderen Gisela Elsner, Erich Fried, Rolf Haufs, Alexander Kluge, Reinhard Lettau, Günter Seuren, Ror Wolf, Paul Nizon und Peter Weiss hinzu; in Saulgau 1963 unter anderen Hubert Fichte, Konrad Bayer, Ulrich Becher, Hans Christoph Buch, Josef W. Janker; 1964 in Sigtuna unter anderen Peter Bichsel, Nicolas Born, Friedrich Christian Delius, Günter Herburger, Hermann Peter Piwitt; 1965 wiederum in Berlin unter anderen Hans Bender, Peter O. Chotjewitz, Peter Faecke, Gerd Fuchs, Peter Härtling, Yaak Karsunke, Ulf Miehe, Rolf Roggenbuck und Hellmuth Karasek und aus der DDR Franz Fühmann, Stephan Hermlin, Bernd Jentzsch, Günter Kunert, Karl Mickel und Rolf Schneider; 1966 in Princeton unter anderen Ernst Augustin, Peter Handke, Wolfgang Maier, Helga M. Novak, Jörg Steiner, Klaus Stiller; schließlich 1967 in der Pulvermühle im fränkischen Waischenfeld noch unter anderen Uwe Brandner, Tankred Dorst, Horst Bienek, Barbara Frischmuth, Michael Krüger, Gregor Laschen, Elisabeth Plessen, Renate Rasp, Vagelis Tsakiridis und Guntram Vesper.

Diese Aufzählung zeigt, wie attraktiv die Gruppe in den sechziger Jahren für die jungen Autoren war, wie sehr aber auch die Gruppe selbst neues Futter brauchte, um attraktiv zu bleiben. Nun musste sie jene Öffentlichkeit bedienen, die sie in den 1950er Jahren für die Literatur erst geschaffen hatte – und das ist nicht das geringste Verdienst der Gruppe 47; denn diese Öffentlichkeit des Literaturbetriebs verlangte ständig nach Neuem. Dahinter blieben die alten 47er, die es noch gab, zurück. Nicht mehr sie lasen regelmäßig, sondern bei jeder Tagung lasen die neuen Autoren. Dieser anhaltende, von Tagung zu Tagung größere Zuwachs blähte die Gruppe auf, und weil die Öffentlichkeit eine immer beherrschendere Rolle zu spielen begann, veränderten sich auch Form und Funktion der Kritik. Offenkundig funktionierte das alte System nicht mehr. Manuskriptarbeit interessierte die Beobachter der

Die neue Generation von
Autoren: Günter Herburger
und Renate Rasp

Hubert Fichte

Peter Rühmkorf

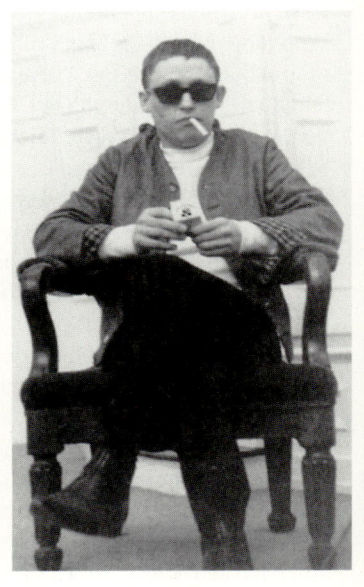

Peter O. Chotjewitz

Gruppe und deshalb auch die Gruppe selbst nicht mehr, man erwartete klare Werturteile über das Gelesene – auch wenn die Daumen nicht eingesetzt wurden: Es ging nur noch um die Ergebnisse der Kritik. Das wurde auch in den Medien wahrgenommen, die diese Urteile transportierten.

So veröffentlichte die «Zeit» nach der Berliner Tagung von 1961 eine Zensurentabelle mit der Überschrift «Die Urteile der Gruppenkritik», und darunter wurde aufgezählt: «Einigen Beifall erhielten: Stefan Reisner, Wolfgang Bächler, Ror Wolf, Franz Tumler. Mehr Beifall als Missfallen erhielten: Paul Nison [sic!], Gisela Elsner, Jürgen Becker, Richard Hey. Die Zustimmung überwog deutlich bei: Reinhard Lettau, Alexander Kluge, Rolf Haufs. Mit großem Erfolg haben gelesen: Johannes Bobrowski, Günter Graß [sic!], Ilse Aichinger, Helmut Heißenbüttel, Peter Weiss.» Und darunter stand dann noch: «Ferner haben gelesen: Milo Dor, Urs Jaeggi, Jakov Lind, Franz Joseph Schneider, Michael Stone, Karl Alfred Wolken.»[187] Letztere offensichtlich ohne jeden Beifall und Erfolg.

Dass Marcel Reich-Ranicki mit seiner kritischen Säbelkunst für eine solche neue und öffentliche Erwartungshaltung der passende Mann war, versteht sich; und dass sich an ihm gerade die Älteren rieben, ist verständlich. Aber auch Grass gehörte zu den entschieden Urteilenden, darin von Reich-Ranicki gar nicht so weit entfernt.

Manch alte Freundschaft hat das nicht ertragen. Das Grundgeflecht der Gruppe dünnte aus, war bald nicht mehr so tragfähig – nicht ohne Grund nennt Richter in seinem Brief als ihm Zustimmende zuerst Eich, Aichinger, Hildesheimer, dann erst Enzensberger, Kaiser und andere. Sie waren, mit Grass vor allem, aber auch mit Walser und Johnson, die öffentlichen Zentralfiguren der Gruppe. Wenn Richter schon 1962, als es um Gründe für ein drohendes Ende der Gruppe ging, davon sprach, dass die Nachkriegszeit nun zu Ende sei und deshalb auch die Zeit für die Gruppe 47 zu Ende gehe, ist das nur eine andere Umschreibung dieses Tatbestands.

Umso mehr galt Richters Urteil fünf Jahre später. Da war, als die studentischen Rebellen gar die Abschaffung der Literatur oder ihre Umformung in gesellschaftliche Waffen forderten, die Nachkriegszeit wirklich zu Ende. So artikulierte das Gruppenmitglied Enzensberger, 1967 im «Times Literary Supplement», die These: *Das politische System in der Bundesrepublik läßt sich nicht mehr reparieren. Wir können ihm zustimmen, oder wir müssen es durch ein neues System ersetzen. Tertium non dabitur. Nicht die Schriftsteller haben die Alternative auf dieses Extrem begrenzt; im Gegenteil, seit 10 Jahren bemühen sie sich, das zu vermeiden. [...] Nicht die Schriftsteller, sondern die Studenten stellten sich erstmals der Alternative, und sie tragen deren Narben.*[188] Und ein Jahr später verabschiedete er sich gar von der Literatur, als er im «Kursbuch» schrieb: *Wenn die intelligentesten Köpfe zwischen zwanzig und dreißig mehr auf ein Agitationsmodell geben als auf einen ‹experimentellen Text›; wenn sie lieber Faktographien benutzen als Schelmenromane; wenn sie darauf pfeifen, Belletristik zu machen und zu kaufen: Das sind freilich gute Zeichen. Aber sie müssen begriffen werden.*[189]

Mittlerweile war die Zeit für literarische Kumpanei längst vorbei, die das Kommunikationselement der Gruppe 47 gewesen war. Richter lud ja zu Freundschaftsfesten ein, wie er häufig genug betont hat. Doch dieses Freundschaftssystem konnte bei den vielen neuen Autoren, die nach 1962 in die Gruppe kamen, und mit den vielen Lektoren, Verlegern und dem Medientross, der die Tagungen begleitete, gar nicht mehr funktionieren.

Dass die Kritik sich änderte, war, neben anderen Gründen, das entscheidende Symptom für die faktischen Veränderungen und Zersetzungen des Freundschafts- und Kommunikationsgeflechts – das ja auch immer für die Atmosphäre der Gruppentagungen entscheidend war. Lesungen und Kritik – vor allem sie – waren nicht Ziel, sondern Funktion der Freundschaftsclique 47.

Marcel Reich-Ranicki gab in dieser im Grunde um den Bestand der Gruppe geführten Diskussion von 1961 den Sündenbock, und zwar aus unterschiedlichen Gründen, die im Brief auch genannt sind. Als von Literatur geradezu besessener Kritiker konnte Kritik für ihn nicht nur Funktion von Freundschaft und Kommunikation sein – ohne dass es ausgesprochen oder reflektiert wurde, fiel er schon deshalb aus dem Gruppenkonsens heraus; seine persönlichen Probleme im Umgang mit Menschen, auf die Richters Brief anspielt, mögen diesen Eindruck nach außen verstärkt haben.

Außerdem war er erst drei Jahre zuvor aus Polen in die Bundesrepublik gekommen und musste überleben: schreibend, selbst *in katholischen Blättern*, die angeblich jenseits von Richters politischen Abgrenzungen lagen. So hat Reich-Ranicki, weil er so war, wie er war, und weil er als Publizist überleben musste, vermutlich ohne es zu wissen, oder weil er die Liberalität der Gruppe überschätzte, die Wohlverhaltensnormen der Gruppe verletzt. Er war der Fremde, er hatte, ohne ‹Schuld›, alles, was ihn zum Buhmann prädestinierte.[190]

Am 5. Oktober 1961 schrieb Günter Eich an Richter: *Lieber Hans, man hat mir klargemacht, daß es zu einer menschlichen Katastrophe würde, wenn man Reich-Ranicki nicht zur Tagung der Gruppe 47 einladen würde. Ich sehe das ein und bitte also bei dir um eine Einladung für R.-R. Man sagte uns auch, wir beide, Ilse und ich, seien dafür entscheidend gewesen, daß du R.-R. nicht einladen wolltest. [...] Soviel Einfluß würde uns Angst machen.*[191] Interessant immerhin, dass am selben Tage, ohne dass er den Brief von Eich gelesen haben konnte, Richter bereits an den *Lieben Marcel Reich-Ranicki* geschrieben hatte: *hier ist die Einladung zur Tagung der Gruppe 47. [...] Es handelt sich diesmal um eine interne Tagung der Gruppe. Zwei Dinge sollen abgebaut werden: das Massenmeeting und die Fachkritik. Wir wollen wieder zurück zur Autorenkritik, so wie es früher war. Diese Art von Kritik ist zwar unbeholfener, aber liebenswerter und fast immer auch treffsicherer. Der Wunsch einer solchen «Rückentwicklung» besteht fast allgemein. Ich nehme an, daß Sie Verständnis für diesen Wunsch haben. Die Gruppe ist ja schon sehr alt und man besinnt sich neuerdings wieder auf ihre Traditionen... was auch politisch gilt.*[192]

POLITISCHE AUSFLÜGE

Die Traditionen der Gruppe reichten weit zurück. Richters Absicht war es von Anfang an gewesen, mit Hilfe der ‹fortschrittlichen geistigen Eliten› Einfluss zu nehmen auf die politischen und gesellschaftlichen Verhältnisse in einem neuen Deutschland. Zuerst publizistisch im *Ruf* – da lag der Schwerpunkt auf der politischen publizistischen Arbeit; dann mit der Gruppe 47 mittelbarer durch Literatur, die vermutlich doch deshalb gruppenintern diskutiert und kritisiert werden sollte, damit sie umso wirksamer an die Öffentlichkeit gelange, und zwar verbürgt nicht durch das

Signum *Gruppe 47*, sondern durch die individuelle Persönlichkeit ihres jeweiligen Autors. Die Gruppe gab stets nur den Rahmen für die politisch und literarisch unterschiedlich orientierten Schriftsteller ab.

Hätte Richter sich die Gruppe 47 als politische und literarische Einheit formen wollen, wäre es unentwegt zu Grundsatzdebatten gekommen. Dass Richter gerade sie immer vermieden und, wo sie sich andeuteten, entschieden unterbunden hat, widerlegt alle Vorwürfe gegen die Gruppe 47, sie sei ein literarisches Monopol oder gar eine Art Mafia gewesen, eine linksintellektuelle Polittruppe oder gar eine geheime linke Reichsschrifttumskammer. Allenfalls war sie Heimat und Diskussionsforum für jene ‹heimatlosen Linken›, die, Antifaschisten und Antistalinisten aus eigener und historischer Erfahrung, sich keiner politischen Partei verbinden wollten. Die Gruppe hatte keine Theorie und kein Programm, weder politisch noch literarisch – in beidem war sie viel differenzierter, als das von außen her wahrgenommen wurde. Eine Literatur der Gruppe 47 hat es nie gegeben. Weshalb hier auch, es sei wiederholt für jene, die es vermissen, nicht die Literatur der Gruppe 47 dargestellt werden kann, sondern die Gruppe als Phänomen des literarischen Lebens in Deutschland nach dem Kriege.[193]

Auch politisch war die Gruppe überaus heterogen, obgleich sie natürlich in die Schlagzeilen geriet, weil einige ihrer Mitglieder, allen voran Günter Grass, in den 1960er Jahren Willy Brandt und die SPD in ihren Bundestagswahlkämpfen unterstützten. Aber die das taten, waren nur wenige, und manche von ihnen, so Martin Walser, waren schon 1965 nicht mehr dabei. Es gab viele Gruppenmitglieder, die an Politik sehr viel weniger interessiert waren als an Literatur. Die Gruppe war in *allen politischen Dingen*, so auch Richter, *völlig uneinig. Von Kaiser bis zu Peter Weiss – das ist ein weiter Weg.*[194]

So wurden auch die politischen Resolutionen, die aus der Gruppe kamen, immer nur von einer Minderheit aller Gruppenmitglieder unterschrieben. Im Grunde waren diese Resolutionen auch nie Resolutionen der Gruppe 47, sondern immer nur Protestationen Einzelner, die von anderen mitgetragen wurden. *Diese Proteste waren besonderer Natur. Die «Gruppe 47» als solche konnte nicht protestieren. Sie war weder ein Verein, ein Verband noch sonst irgendeine Körperschaft. Wer sollte da protestieren? Ich für die anderen? Das wäre nicht nur vermessen gewesen, es hätte wohl auch niemand mitgemacht. Abstimmung war auch nicht möglich. Es waren nicht immer alle anwesend; so wäre dies eine Vergewaltigung der gerade Abwesenden gewesen. Außerdem sollten Mehrheiten Minderheiten nicht reglementieren. So mußte ich die Art dieser Proteste den Spielregeln der «Gruppe 47» anpassen. Es mußten individuelle Proteste sein, die, zusammengefaßt, wie kollektive Proteste wirkten. Das Verfahren war einfach und lag auf der Hand. Es wurde ein Protest-Text verfaßt; jeder, der ihn unterschreiben wollte, konnte es tun; wer nicht unterschrieb, unterschrieb eben nicht. Das «Ja» oder «Nein» eines jeden wurde respektiert. Es gab keine Zerwürfnisse deswegen. Nur war es nie die «Gruppe 47», die da protestierte, obwohl es in der Öffentlichkeit so gesehen wurde. Es war vielmehr stets ein Protest von vielen Einzelgängern, die sich mit der «Gruppe 47» verbunden fühlten...*[195]

Resolutionen aus der Gruppe 47

1956 die «Erklärung zur ungarischen Revolution»:
Das geistige Europa protestiert gegen die brutale Vergewaltigung Ungarns durch die sowjetische Militärmacht.

1958 gegen die atomare Bewaffnung der Bundeswehr:
Die Anwendung atomarer Waffen ist Selbstmord.

1960 zweimal gegen den Algerienkrieg Frankreichs und gegen das von Adenauer vorbereitete staatliche «Deutschland-Fernsehen», weil es *ein Instrument der Bundesregierung, der Regierungsparteien und der wirtschaftlichen Interessengruppen sein werde.*

1961 forderte eine kleine Gruppe von Intellektuellen, darunter Mitglieder der Gruppe, in einem offenen Brief an die UNO, ihren Sitz nach Berlin zu verlegen, um nach dem Mauerbau die Sicherheit Berlins zu gewährleisten.

1962 gegen die Verhaftung des «Spiegel»-Herausgebers Rudolf Augstein wegen Landesverrats.

1965 unterzeichneten Mitglieder der Gruppe, Intellektuelle, Publizisten und über 100 Wissenschaftler eine «Erklärung über den Krieg in Vietnam».

1967 ergingen ein Aufruf gegen die Bedrohung Israels durch die arabischen Staaten und eine Erklärung zum Tod des Studenten Benno Ohnesorg, der bei Demonstrationen gegen die Anwesenheit des Schahs von Persien in Berlin von einem Polizisten erschossen wurde.

1967, während der letzten Tagung der Gruppe 47 in der Pulvermühle, eine Resolution einer Reihe von Schriftstellern gegen die Springer-Presse.

Insgesamt kamen aus dem Kreis der Autoren der Gruppe 47 elf Erklärungen, Aufrufe oder offene Briefe. Der Öffentlichkeit freilich suggerierte eine nicht immer genau reportierende Presse, bei diesen Resolutionen handele es sich um Protestationen der Gruppe 47. Und man darf sogar vermuten, dass Hans Werner Richter, trotz seiner Darstellung des Verfahrens, wie diese Proteste zustande kamen, insgeheim nicht unglücklich darüber war, dass diese im Grunde doch moralischen Stellungnahmen zur aktuellen Politik der gesamten Gruppe 47 gut- (und von ihren Gegnern schlecht-)geschrieben wurden. Denn das Bild, das so in der Öffentlichkeit von der Gruppe 47 entstand, entsprach ja durchaus seiner eigenen Vorstellung von der Gruppe: als Ort, wo Politik und Literatur sich trafen und ein moralisches Engagement bewirkten, das aus der Erfahrung der Vergangenheit gewachsen war und eine nonkonformistische, und das heißt für die fünfziger und frühen sechziger Jahre: eine oppositionelle Haltung ausbildete.

Politik unmittelbar in die Gruppe zu tragen, hat Richter immer vermieden. Außerhalb der Gruppe 47 aber hat er seine politischen Vorstellungen umzusetzen versucht – etwa im politischen Diskussionsforum des Grünwalder Kreises oder in der Anti-Atom-Bewegung und nicht zuletzt als politischer Publizist und Schriftsteller – Leistungen Richters, die von der öffentlichen Wirkung der Gruppe 47, als deren Leiter er galt, immer verdeckt wurden.

Der große Erfolg und das Ende der Gruppe 47

Walsers Schuss in Richters Rücken: «Sozialisieren wir die Gruppe 47!»

In seinem Brief an Reich-Ranicki hatte Richter vom allgemeinen Wunsch der alten Gruppenmitglieder nach einer *Rückentwicklung* der Gruppe gesprochen. Doch eine solche *Rückentwicklung* gab es nicht, und sie war vermutlich auch nicht mehr möglich. Die Entwicklung der Gruppe hatte, nicht zuletzt durch ihre prominenten Gruppenmitglieder, durch ihre dadurch hohe Öffentlichkeitswirkung, dann aber auch durch die zunehmende Kritik ihrer literarischen und ideologischen Gegner, eine Eigendynamik gewonnen, die sich nicht mehr bremsen ließ, die Richter nun nicht mehr unter Kontrolle bekommen konnte. Die er vermutlich aber auch gar nicht stoppen wollte. Ihm lag ja durchaus an der wachsenden Öffentlichkeitswirkung der Gruppe 47. Das war sein Zwiespalt, wurde seine Falle. Denn diese Wirkung ging einher mit der Vergrößerung der Gruppe, die ihr Auseinanderfallen begünstigte und schließlich ihren inneren Zerfall bewirkte. Das Ende der Gruppe 47 begann im Grunde mit der ersten großen Auslandstagung im schwedischen Sigtuna.

1963 hatte Richter zur Tagung nach Saulgau auch den schwedischen Germanisten Gustav Korlén und den Kritiker Thomas von Vegesack eingeladen und mit beiden die Idee entwickelt, die nächste Tagung in Schweden stattfinden zu lassen. Besondere Tagungen der Gruppe hatte es bis dahin schon zweimal gegeben: Im Mai 1960 hatte sich die Gruppe in der Hochschule für Gestaltung in Ulm zu einer speziellen Hörspieltagung getroffen, und im April 1961 war eine Reihe von Gruppenmitgliedern und Gästen auf Einladung des Südwestfunks in Sasbachwalden bei Achern zu einer Fernsehspieltagung zusammengekommen. Auch hatten sich bereits 1950 einige Gruppenmitglieder auf Einladung der französischen Kulturmission in Schluchsee mit einer Gruppe französischer Schriftsteller getroffen. Und einzelne Autoren aus den benachbarten Ländern waren immer mal wieder auch Gäste bei Treffen der Gruppe.

Diesmal aber sollte es eine große repräsentative Tagung der Gruppe werden, und im Anschluss an die Tagung sollte es in Stockholm gar eine «Festwoche der Gruppe 47» geben, die von einer Arbeitsgruppe der Schwedisch-Deutschen Gesellschaft in Zusammenarbeit mit Hans Werner Richter und Walter Jens vorbereitet wurde – verständlich, dass solche Pläne die Kritiker auf den Plan riefen, die der Gruppe vorwarfen, sie okkupiere die Generalrepräsentation der deutschen Literatur, und so ganz abwegig war dieser Vorwurf nicht. Zumal die Schweden darum gebeten hatten, dass die Gruppe nur mit *der ersten Mannschaft und den besten Kritikern*[196] antreten möge.

Doch die *erste Mannschaft* kam nicht, die alten Mitglieder sagten reihenweise ab. Richter hat es ihnen schmollend übel genommen – an Andersch schrieb er am 20. August 1964, drei Wochen vor dem Treffen: *Lieber Fred, das [Anderschs Absage] war eine sehr schlechte Nachricht. Böse bin ich Dir nicht. Du mußt selbst wissen, was für Dich wichtig ist. Es wäre auch gar nicht so schlimm, wenn mich diesmal nicht fast die gesamte «Prominenz» versetzen würde, trotz vorhergehender mündlicher Zusage. Das ist nicht schlimm für mich, auch nicht für die Gruppe 47, denn Sigtuna ist voll besetzt, nicht nur, weil sehr viel neue Talente auftauchen werden, sondern weil auch die Ostautoren diesmal die Ausreisegenehmigung bekommen haben: Kunert, Bieler, Huchel, Bobrowski, und weil die «Kritiker» von Kaiser bis Mayer, und Höllerer bis Jens geschlossen anrücken. Trotzdem sind die Schweden schwer enttäuscht. Sie haben mit Eich und Aichinger, mit Andersch und Walser, mit Johnson und Bachmann und so fort gerechnet, natürlich für ihre öffentlichen Lesungen in Stockholm.*[197] Aber die kamen nun nicht, auch Heinrich Böll, Wolfgang Hildesheimer, Siegfried Lenz, Wolfdietrich Schnurre und Wolfgang Weyrauch hatten abgesagt, und die *Ostautoren* Günter Kunert, Manfred Bieler, Peter Huchel und Volker Braun bekamen dann doch keine Ausreisegenehmigung – allein Johannes Bobrowski durfte nach Schweden fahren.

Es soll denn auch eine Tagung mit langweiligen Texten und mäßigen Lesungen der vielen Talente, aber einer «glänzenden Kritik» der «Starkritiker» gewesen sein[198] – der schwedische Schriftsteller Lars Gustafsson urteilte im Schwedischen Rundfunk: «Die

Stockholm, 1964: Hans Werner Richter eröffnet die Tagung
im Börsensaal der Schwedischen Akademie

Gruppe macht den ungeheuer imponierenden Eindruck einer riesigen, manchmal nahezu perfekten Kritikmaschinerie.»[199] Und Åke Janzon schrieb im «Svenska Dagbladet», die Kritik habe bestanden in der «harten ‹Exekution› von Debütanten oder dem ‹Formalismus› und der ein wenig dogmatischen Einstellung zum Sprachgebrauch»[200]. Ihr fiel dann auch Konrad Bayer zum Opfer, der im Jahr zuvor in Saulgau noch in höchsten Tönen gelobt worden war. Dass er sich nur einen Monat nach der Tagung das Leben nahm, hat gewiss mit seiner komplizierten Persönlichkeit zu tun, wurde von einigen Gruppenmitgliedern aber durchaus im Zusammenhang mit diesem Verriss von Sigtuna gesehen.[201]

Sigtuna bestätigte, wie sehr die Urteile und Wertungen der Kritiker die Tagungen bestimmten, und wie wenig noch die Autoren gegenseitig um ihre Manuskripte bemüht waren – nun ging es nur noch darum, sie an den Mann zu bringen, sprich: in die Medien und in die Verlage zu transportieren.

Denkbar ist, dass die Absagen der alten Gruppenprominenz, nach Schweden zu reisen, zusammenhingen mit einem eher feuilletonistischen Aufsatz Martin Walsers in der «Zeit», in der er auf einige «Heftige Sätze» über die Gruppe 47 antwortete, die der Journalist und Schriftsteller Hans Habe zwei Wochen zuvor in der Zürcher «Weltwoche» veröffentlicht hatte. Habe hatte, so zitiert ihn die «Zeit» im Vorspann zu Walsers Aufruf, geschrieben: «Seit Jahr und Tag wird auf den Tagungen der Gruppe 47 bestimmt, was in der deutschen Literatur gut und schlecht, was lesenswert oder verwerflich ist. – Ich bin gegen die Gruppe 47, weil ich gegen den Meinungsterror bin ... Diktatur ... wird von der Gruppe 47 ausgeübt. – ... über der Gruppe 47 ... schwebt nur, wie mir scheinen will, das nicht unbedingt literarische Symbol der DM. – Die Satelliteraten der Gruppe, die überall in der ‹großen› deutschen Presse führende Stellungen einnehmen, gestatten es der Kritik kaum und dem Publikum überhaupt nicht, sich ein eigenes Urteil zu bilden. – [...] Für einen Teil der Gruppe 47 ist der Verein eine Art HJ – eine literarische Halbstarken-Jugend, in deren Turnsaalgarderoben man die eigenen Minderwertigkeitgefühle abzulegen und die Uniform des Selbstbewußtseins anzulegen vermag.»[202]

Damit hatte Habe im Grunde die gängigen Vorurteile gegen die Gruppe 47 versammelt und auch schon vorweg formuliert, was zwei Jahre später die Schriftsteller Robert Neumann («Spezis in Berlin») und Hans Erich Nossack («Literarische Prostitution») in der Zeitschrift «konkret» in ihren Attacken auf die Gruppe behaupteten.[203] Und Habe hatte mit seiner Invektive, «der Verein» (= die Gruppe 47) sei «eine Art HJ», was man schnell mit ‹Hitler-Jugend› assoziierte, was bei Habe dann aber zu «Halbstarken-Jugend» aufgelöst wurde, geschickt angeknüpft an die ein Jahr zuvor von dem Geschäftsführenden Vorsitzenden der CDU, Josef Hermann Dufhues, öffentlich ausgesprochene Beschimpfung der Gruppe 47 als einer ‹geheimen Reichsschrifttumskammer›.[204]

Walser jedenfalls hob den mit so viel Häme geworfenen Fehdehandschuh Habes auf und antwortete, als Mitglied der Gruppe, deren Entwicklung freilich kritisch bedenkend, mit seinem Vorschlag: *Sozialisieren wir die Gruppe 47!*[205] Ironisch nimmt er Habes

Vorschlag ernst und will *die geheimnisvolle, schwer durchschaubare Konstitution der Gruppe überprüfen*[206]. Er übernimmt die Beschreibung der Gruppe, wie sie von ihren Gegnern bekannt war: *Die Gruppe ist in vielen Augen eine herrschsüchtige Clique geworden. Und der literarische Jahrmarkt, der da einmal im Jahr stattfindet, auf dem es so lustig und so lächerlich und so grausam und so laut und so bunt und so unterhaltsam zugeht wie auf einem richtigen Jahrmarkt, dieser Jahrmarkt wird beurteilt als eine monopolistische, imperialistische Veranstaltung zur Einschüchterung der Kritik, der Leser, der Öffentlichkeit. Und vielleicht ist der Gruppe unbemerkt ein kleines Beil in die Hand gewachsen, das aussieht wie ein großes Beil. Ich finde, da ist es wirklich Zeit, das zufällig Gewordene zu überprüfen. Vielleicht hat sich da etwas entwickelt, was jetzt noch korrigiert werden kann.* Walser schlägt vor, die Gruppe, weil sie *kartellhafte Züge angenommen hat*, zu sozialisieren, *weil Eigentumsvorbehalte keine Rolle spielen*. Das solle heißen: Öffnung für alle, jedermann zugänglich – aber immerhin: *Richter entscheidet, wer vorliest*. Und wenn *der Andrang der Leselustigen zu groß wird, so ist schnell eine Jury gebildet, die ausliest*. Wer sollte da widersprechen, da doch niemand *Urheberrechte an der Existenzform dieser Gruppe geltend machen könnte*? Denn die Gruppe sei keine *literarische Sache*, sondern *stilistisch und politisch ein Fleckerlteppich* – und man diskutiere *immer bloß ein beargwöhntes Phantom, eine pure Hülse*.

Und dann der Schlussakkord: *In diesem Jahr will die Hülse in Schweden gastieren. Ich glaube, es ist wirklich die höchste Zeit zur Sozialisierung. Fängt die Gruppe nämlich erst an, im Ausland aufzutreten, dann ist es ganz unvermeidlich, daß etwas Offizielles passiert und noch schlimmere Mißverständnisse entstehen als im Inland. Man hält die Gruppe dort etwa für die deutsche Literatur selbst. Und das ist natürlich nichts anderes, als wenn eine CSU-Gruppe nach Spanien reiste, um dort als Regierungspartei zu erscheinen.*

Im Grunde war damit alles über die Gruppe gesagt, auch alles, was sich gegen die Gruppe sagen ließ. Und das wusste Hans Werner Richter, bei aller jokosen Ironie, die Walser in diesem Artikel versprühte. So schrieb Richter am 9. Juli an Carl Amery[207]: *Lieber Christian, seit einigen Tagen schlafe ich nicht mehr und ärgere mir, wie man in meiner kalten Heimat sagt, die «Platze am Hals»*. Und er beklagt, dass Walser ihn vorher nicht informiert, geschweige denn mit ihm seinen Artikel abgesprochen habe. Er bezeichnet den Artikel als *dumm*, ja als *für uns alle außerordentlich gefährlich*, als *Schuß in den Rücken*. Denn natürlich will Richter nicht, dass jemand anders als er entscheidet, wer auf den Tagungen der Gruppe lesen darf, und schon gar nicht eine Jury, natürlich *spielen Eigentumsvorbehalte eine Rolle*, natürlich erhebt Richter unausgesprochen, aber bisher auch unangefochten *Urheberrechte an der Existenzform dieser Gruppe*. Und er fragt Amery um Rat: *Lasse ich die Gruppe 47 fallen, so fällt die letzte Klammer, die wir noch besitzen*. Der wesentliche Grund für Richters Ärger war doch wohl sein Anspruch auf Eigentum und Urheberrecht an der Gruppe 47 – so schrieb er am Schluss seines Briefes an Amery: *Siebzehn Jahre lang habe ich Arbeit und viel kostbare Zeit in diese Sache hineingesteckt, und nun kommt ein Bodensee-Narr und will sie mit einem Federstrich liquidieren. Ich begreife es nicht, und weil ich es nicht begreife, schlafe ich nicht mehr. Es ist, als hätte man mir einen unfairen Schlag in die Magengrube versetzt*.

Schon 1962 hatte Richter in einem Interview gesagt, die Gruppe könne *nicht veralten, weil sie immer Zustrom hat, von unten. Aber sie wird sicher in dem Augenblick aufhören, wo sie nicht mehr notwendig ist. Und das spürt man, wenn etwas nicht notwendig ist. Und in dem Augenblick, wo ich das spüre, werde ich auch niemanden mehr einladen. Dann ist die Gruppe 47 zuende*.[208] Richter sah sich demnach als Einzigen, der das Ende der Gruppe und den Zeitpunkt dieses Endes bestimmen konnte. Aber warum war er so entschieden gegen jegliche Art der Veränderung des Gruppenverfahrens? Er hätte ja die Gruppe, die er geschaffen hatte, auch weitergeben, hätte sie der Zeit und ihrer eigenen sich verändernden Verfassung anpassen können. Denn die Form, in der die Gruppe nun seit fast zwanzig Jahren zusammenkam, war ausdrücklich eine nicht fixierte, nicht fixierbare, das hatte Richter doch immer gesagt; also war sie auch nicht als unveränderbar geschaffen worden, sondern hatte sich bei den ersten Tagungen der Gruppe so ergeben. Warum sollte sich also ihr Verfahren nicht ändern dürfen, wo sich doch ihr Charakter im Verlauf der Zeit so entschieden geändert hatte?

Die Gruppe 47 war in Richters Selbstverständnis eben doch seine Gruppe, er betrachtete sie als sein Eigentum, nur er wollte über sie verfügen. Man durfte ihn beraten, was die Auswahl der einzuladenden Autoren betraf. Der Status der Gruppe aber, das Verfahren ihrer Treffen und der Modus der Kritik – und das hieß:

Richter bestimmte die Reihenfolge der Lesungen und moderierte die Kritik – durften nicht verändert werden. Als Erich Fried ihm in einem langen Brief vom 1. Juli 1966[209] vorschlug, wie man die Gruppe verändern sollte, reagierte er überaus zurückhaltend.

Fried schlug vor, den Charakter der Tagungen als *Arbeitstagung* zu *intensivieren*; die Autoren sollten nicht länger als 15 Minuten lesen und sollten in ihre Texte einführen; auch sollte man dem *Stamm und denen von uns, die am meisten reden, einschärfen, dass es eine ernste Sache ist und dass eine Arbeitstagung nicht ein Spaß und nicht ein Anlass für Polemiken ist*; auf den Preis solle man verzichten; auch Kritiker sollten Essays lesen können; auch sollte man Gegner einladen, selbst wenn *sie gegen uns intrigiert haben*; und vor Kommunisten dürfe man sich auch nicht fürchten; und an einem oder zwei von drei Tagen sollte man *den Vorsitz einem jungen besonders kritischen Besucher übergeben*; schließlich solle man die *Starkritiker* Höllerer, Jens, Kaiser, Mayer, Reich-Ranicki auseinander setzen: *vielleicht sollte man einfach die Sitze im Saal verlosen*, um die Cliquenbildung zu vermeiden.

Erich Fried

Das war natürlich etwas naiv und auf typisch Fried'sche Weise übereifrig. Richter ließ den *lieben Erich* denn auch wissen: *dies mag überheblich klingen, es hängt allein von mir ab, ob es die Gruppe in den nächsten Jahren noch gibt, oder nicht gibt. Ich brauche nur nicht mehr einzuladen, dann gibt es sie nicht mehr.*[210] Richter empfand sich wirklich und sehr bewusst als Eigentümer der Gruppe. Doch die emanzipierte sich: vor allem durch eine neue Generation von Autoren, die von den Universitäten kam, firm in Theorie und im Umgang mit den neuesten ästhetischen Verfahren – eine Generation, die, so Richter schon 1962, *zwar mehr Begabung [hat] als die unsrige, aber sie ist leider, leider, auch weniger tolerant*[211].

POLITISCHE UND LITERARISCHE POLARISIERUNGEN

Zum Ende der «Gruppe 47» führte hauptsächlich der Umstand, daß sie zu alt wurde. [...] So kam einiges zusammen: Überalterung der Gruppe, heftige Politisierung ihrer Mitglieder und der Umstand, daß die Gruppe nicht mehr das gewesen ist, was sie am Anfang war, nämlich eine Art Avantgarde.[212] Als die aber verstand sich, ob zu Recht oder zu Unrecht, die neue Generation, und zwar nicht nur politisch, sondern auch literarisch. Dieser allgemeine, fast normale Gegensatz zwischen den Generationen bestand natürlicherweise auch innerhalb der Gruppe. Hans Werner Richter und der innere Kreis der Gruppe kannten sich mit den damals jungen Autoren innerhalb oder außerhalb der Gruppe nicht besonders gut aus – und die Literatur explodierte in den 1960er Jahren geradezu, überall tauchten neue Namen und neue Schreibweisen auf: etwa Dieter Wellershoffs Kölner Schule des Neuen Realismus mit unter anderen Nicolas Born, Rolf Dieter Brinkmann, Günter Herburger und Günter Seuren, die alle in der Gruppe gelesen haben; oder Höllerers Adepten aus dem Literarischen Colloquium Berlin, unter anderen Hermann Peter Piwitt, Hubert Fichte, Hans Christoph Buch und Friedrich Christian Delius – und als Solitär der gerade aufsteigende neue Literaturstar mit der Beatle-Frisur, Peter Handke; aber auch die Autoren der Konkreten Poesie und des Dokumentarismus, Spielformen der Literatur, die mit Heißenbüttel, Enzensberger und anderen in der Gruppe vertreten waren.

Auch die politischen Impulse dieser jungen Generation waren anders: Sie setzte sich, aus welchen inzwischen tiefenpsychologisch begründeten Anlässen auch immer, jedenfalls anders als bis dahin üblich, mit der Rolle ihrer Eltern im «Dritten Reich» heftig auseinander. Der Auschwitz-Prozess 1963 in Frankfurt lieferte dazu erstmals den Maßstab für eine andere Art der Bearbeitung des Genozids an den europäischen Juden durch die Deutschen, als sie die Richter'sche Generation und somit auch die Gruppe 47 (nicht) geleistet hatte.

Peter Weiss, selbst Jude und Emigrant, hat diesen Prozess auf intensive Weise literarisch an- und aufgenommen mit seinem «Oratorium» *Die Ermittlung*. Hans Werner Richter hatte Weiss 1962 in die Gruppe 47 eingeladen; Weiss hatte zweimal dort gelesen: 1962 aus dem *Gespräch der drei Gehenden* mit solcher Zustimmung, dass er nur um eine Stimme den Preis der Gruppe verfehlte, den Bobrowski bekam, und 1963 aus dem *Marat/de-Sade*-Stück, ebenfalls mit großem Erfolg – Richter nannte seinen Auftritt sensationell.

Peter Weiss

Doch ganz offensichtlich wurde Weiss in der Gruppe 47 ein Gefühl vermittelt, dass er sich als jüdischer Emigrant und neutraler Schwede zweifach als Fremder empfand: *Daß ich von außen komme, als ein Unzugehöriger, als einer, der etwas Fremdartiges anzubieten hat, das habe ich nicht nur aus den Reaktionen vieler Kritiker erfahren, sondern auch bei meiner Teilnahme an einigen Treffen der Gruppe 47. Hier kam ich ja nun mit deutschsprachigen Schriftstellern zusammen, vor allem mit solchen, die seit jeher in diesem Land lebten, die hier, während des Kriegs, oder während der Jahre des Faschismus, aufgewachsen waren. Bei der ersten Begegnung schon mit Kollegen entstand nicht, wie ich erhofft hatte, ein Gedankenaustausch über Schwierigkeiten unsres Handwerks, sondern die Empfindung eines Gegensatzes, der zusammenhängen mußte mit der Verschiedenheit unseres Hintergrunds.*[213] Nach 1963 las Peter Weiss nicht mehr in der Gruppe.

Ein Fremder, oder jedenfalls Minderheit, war Weiss in der Gruppe durch zweierlei: Zum einen zeigte sich seine Besonderheit in der intensiven, geradezu obsessiven Form seiner Auseinandersetzung mit dem Holocaust, zum anderen auch an seiner Haltung zu dem von der Johnson-Administration 1964 in Gang gesetzten Krieg der Amerikaner in Vietnam. Dieser Krieg mobilisierte die junge, die spätere 1968er-Generation und ebenso eine Reihe von Schriftstellern, auch einige in der Gruppe: so Hans Magnus Enzensberger, Reinhard Lettau, Erich Fried und eben Peter Weiss.

Es war, vom ungeschriebenen politischen und moralischen Gruppenverständnis her, nicht unproblematisch, dass Hans Werner Richter, auf Anregung des Leiters des New Yorker Goethe House Peter Stadelmeyer und mit Hilfe des in Princeton lehrenden Germanisten Victor Lange, die Gruppentagung im April des Jahres 1966 in den USA veranstaltete. Wiederum hatten wichtige alte Gruppenmitglieder abgesagt: unter anderen Ilse Aichinger, Alfred Andersch, Ingeborg Bachmann, Heinrich Böll, Günter Eich, Helmut Heißenbüttel, Wolfgang Hildesheimer, Walter Kolbenhoff und Martin Walser.

Böll sagte ab, um den *aussenpolitischen Kredit der Bundesrepublik in den USA* nicht zu vermehren[214]; auch Walser wollte, wie Hildesheimer berichtet, nicht mit anderen *in der Öffentlichkeit zu Vertretern des geistigen Deutschland gestempelt*[215] werden; Hildesheimer selbst sagte schließlich wegen der *verschlimmerten Vietnam-Poli-*

*tik*²¹⁶ ab. Und Peter Weiss forderte wegen der *fortwährenden Ausweitung der amerikanischen Eskalation*²¹⁷ in Vietnam von Richter, dass *Einladung* und *Reisegeld* nur von der Princeton University kommen, die *Tagung unter Ausschluss der Presse stattfindet* und *der Besuch ausgeführt wird mit besonderer Beziehung zu den Kräften an der Universität, die sich gegen die amerikanische Vietnam-Politik richten.* Und er wollte, dass *so viele Teilnehmer wie möglich vor dem Besuch sich auch den Protesten gegen den amerikanischen Vietnam-Krieg anschlössen. In meinem Fall würde ich dies jedenfalls tun.*²¹⁸

Zahlreiche andere Schriftsteller der Gruppe – darunter Böll, Enzensberger, Amery, Fried, Jens, Johnson, Lettau, Rühmkorf, Schnurre, Walser, Weiss, Bachmann – hatten, eine Anregung der Berliner Tagung von 1965 aufgreifend, bereits im Dezember 1965 eine Resolution gegen den Vietnam-Krieg der USA²¹⁹ veröffentlicht – Hans Werner Richter und Günter Grass aber hatten, offenbar die Tagung in Princeton bedenkend, diese Resolution nicht unterzeichnet. In dieser Konstellation kündigte sich bereits jene politische Konfrontation und Polarisierung innerhalb der Gruppe 47 an, die schließlich zum Zerfall der Gruppe beitrug. Die Konfrontation fand denn auch massiv und dramatisch in Princeton statt und setzte sich in der Pulvermühle ein Jahr später als Farce nach dem Trauerspiel fort.

Als Peter Weiss nämlich, außerhalb der in Klausur stattfindenden Lesungen, zusammen mit Lettau eine Veranstaltung gegen den Vietnam-Krieg besuchte und gar noch der «New York Times» ein Interview gab, in dem er verlauten ließ, auch die Gruppe 47 sei gegen diesen Krieg (was er ja nach der Berliner Resolution durchaus annehmen konnte), kam es zum Krach mit Richter und Grass, und Peter Weiss musste öffentlich mitteilen, dass seine Äußerung nur seine eigene Meinung repräsentiere. Am 24. April schrieb Weiss dann in sein Notizbuch:

Viet-Nam Sit-In in Princeton (während des Gruppe 47-Treffens)
Neben mir nimmt nur Lettau teil.
*Richter u. Grass raten scharf ab.*²²⁰

Danach die Maßregelung des nicht Folgsamen: *Der Zusammenstoß im Hotelzimmer. Ich hätte mich in amerikanische Angelegenheiten nicht einzumischen. Mißbrauche die Gastfreundschaft. Und überhaupt: was ich denn für ein Recht hätte, auf diese Weise politisch Stellung*

Tagung am Wannsee in Berlin, 1965: 1. Reihe (v. l.): Jürgen von Hollander, Erich Fried; 2. Reihe: Gunilla Palmstierna-Weiss, Siegfried Unseld, Peter Weiss, Fritz J. Raddatz; 3. Reihe: Joachim Kaiser, Reinhard Baumgart, Peter Szondi, N. N., Ivan Nagel; 4. Reihe Mitte: Uwe Johnson und Peter Rühmkorf

zu nehmen. Hätte auch über deutsche Fragen schon viel zuviel gesagt. Wo ich denn während des Krieges gewesen wäre –

20 Jahre waren an ihnen abgelaufen wie Regenwasser.[221]

Und am Ende der Seite: *Kälte u Ablehnung von Grass nach der Rede (I come out of my hiding-place).*

Weiss und Grass waren als Einzige nach den Gruppenlesungen, die ohne Öffentlichkeit stattgefunden hatten, als öffentliche Redner aufgetreten – Weiss mit einer Rede, in der er sich als Schriftsteller solidarisierte mit jenen, die radikale politische Veränderungen wollten, sie aber nicht zu artikulieren vermochten: *Die Konflikte, die aus diesem Engagement heraus entstehen, werden Teil unserer Arbeit sein, wir werden mit ihnen leben müssen.*[222] Grass, der damals noch einen Unterschied machte zwischen seiner Arbeit als Schriftsteller und seinem politischen Engagement[223], hatte in seiner Princeton-Rede *Vom mangelnden Selbstvertrauen der schreibenden Hofnarren unter Berücksichtigung nicht vorhandener Höfe*, ohne das Schicksal des jüdischen Emigranten Weiss auch nur zu bedenken, dessen politisch-moralische Position attackiert und Weiss persönlich getroffen: *Wenn, zum Beispiel, Peter Weiss [...] plötzlich erkennt, er sei ein «humanistischer Schriftsteller», wenn also ein mit allen Sprachwässerlein gewaschener Dichter und Poet dazu nicht bemerkt, daß dieses Adjektiv als Lückenbüßer schon zu Stalins Zeiten verhunzt worden ist, wird die Farce vom engagiert-humanistischen Schriftsteller bühnenwirksam. Wäre er doch lieber der Narr, der er ist.*[224]

Diese Invektive von Grass entsprang nicht nur der konkreten Auseinandersetzung um den Vietnam-Krieg (der Konflikt zwischen Grass und Weiss war älter, kann hier freilich nicht weiter erörtert werden[225]). Denn sogar die «New York Times» stellte fest, die Deutschen seien bei ihrer Teilnahme an einer Vietnam-Demonstration zurückhaltend gewesen und hätten ihre Gastgeber nicht beleidigt, während die Amerikaner umso kräftiger argumentiert hätten.[226] Die hatten, zumindest in der Person Susan Sontags, ihre Stimme erhoben «gegen die Unsinnigkeit und ekelhafte Selbstgerechtigkeit, gegen die Immoralität und die grauenhafte Gefahr der Regierungspolitik in Vietnam. Dieser Krieg vergiftet, korrumpiert und deprimiert uns alle. Die fundamentalen Voraussetzungen der amerikanischen Politik sind falsch.»[227]

So entschieden argumentierten in der Bundesrepublik auch andere Mitglieder der Gruppe, und zwischen ihrer Position und der von Grass und Richter gab es bald nichts mehr zu vermitteln.

Aber auch auf literarischem Feld fand in Princeton eine Auseinandersetzung statt, die von grundsätzlicher Natur war. Da attackierte der junge Peter Handke, der zum ersten Mal gelesen hatte und nicht gerade freundlich aufgenommen worden war, die literarische und kritische Praxis der Gruppe 47 prinzipiell und kritisierte das Unverständnis der Gruppe gegenüber neuen, die überkommene Poetik der bloßen Deskription außer Kraft setzenden oder zumindest in Frage stellenden literarischen Artikulationsformen. Und vor allem beharrte er darauf, dass Literatur sich die Welt nur mittels Sprache erschließen könne, nicht mit der bloßen Abbildung und Nennung der sprachlich zu evozierenden Gegenstände.

Handke formulierte kurz nach der Tagung von Princeton genau, was er mit seinem etwas diffus vorgetragenen spontanen Angriff, der immer wieder vom Gelächter der Gruppenmitglieder unterbrochen wurde, hatte sagen wollen: *In Princeton nun mußte ich hören, wie sehr das sogenannte gesellschaftliche Engagement des*

Schriftstellers von den Kritikern in der Gruppe 47 an den Objekten gemessen wurde, die er beschreibt, und nicht an der Sprache, mit der er diese Objekte beschreibt. [...] Sprache ist eine Realität für sich, und ihre Realität kann nicht geprüft werden an den Dingen, die sie beschreibt, sondern an den Dingen, die sie bewirkt. Mir ist während der Tagung aufgegangen, daß formale Fragen eigentlich moralische Fragen sind. Wagt es jemand, in einer unreflektierten Form über heiße Formen zu schreiben, so erkalten diese heißen Dinge und erscheinen harmlos. Den berüchtigten Ort A in einem Nebensatz zu erwähnen, geht vielleicht an. Ihn aber bedenkenlos in jede Wald- und Wiesengeschichte einzuflechten, in einem unzureichenden Stil, mit untauglichen Mitteln, mit gedankenloser Sprache, das ist unmoralisch.[228]

Handke hatte in Princeton tatsächlich eine jener Grundsatzdebatten angezettelt, die Hans Werner Richter immer hatte vermeiden wollen, und auch diesmal, die Erheiterung der Gruppe während Handkes Ausführungen lässt es ahnen, wäre dieser Angriff vermutlich ins Leere gelaufen, hätten nicht Günter Grass, dem diese Attacke in seiner Urteilshaltung zur Position von Peter Weiss

Peter Handke protestiert in Princeton
Ich bemerke, daß in der gegenwärtigen deutschen Prosa eine Art Beschreibungsimpotenz vorherrscht. Man sucht sein Heil in einer bloßen Beschreibung, was von Natur aus schon das billigste ist, womit man überhaupt nur Literatur machen kann. Wenn man nichts mehr weiß, dann kann man immer noch Einzelheiten beschreiben. Es ist eine ganz, ganz unschöpferische Periode in der deutschen Literatur doch hier angebrochen [...]. Das Übel dieser Prosa besteht darin, daß man sie ebensogut aus einem Lexikon abschreiben könnte. [...] Was eine völlig läppische und idiotische Literatur ist. (*Allgemeines Gelächter, vereinzelter Applaus*) Und die Kritik – und die Kritik – und die Kritik ist damit einverstanden, weil eben ihr überkommenes Instrumentarium noch für diese Literatur ausreicht, gerade noch hinreicht. (*Erneutes Gelächter*) Weil die Kritik ebenso läppisch ist, wie diese läppische Literatur. [...] *Zwischenruf (Hans Werner Richter):* Herr Handke, es ist hier nicht üblich, eine literarhistorische Rede ... *Handke:* Ja, ja. Darf ich noch etwas sagen? *Richter:* Sie müssen zum Text sprechen. *Handke:* Ja, ja ... ich ... [...] *Richter:* Aber kein Seminar. *Handke:* Man sagt zwar, man wisse, was man nicht mehr schreiben dürfe, nicht, und man beschränkt sich nun auf diese gegenständliche Prosa. Und man schreibt also Sachen, die beschreiben nur Gegenstände. Man weiß zwar, was man schreiben darf als Wiederholer, aber man weiß nicht, was man schreiben soll, nicht? Das ist, glaube ich, das Grundproblem dieser ... dieser ganz dummen und läppischen Prosa.

Peter Handke nach seiner
Lesung in Princeton, 1966

entgegenkam, und Heinz von Cramer Handke applaudiert und hätte vor allem nicht Hans Mayer die Bewertungen Handkes aufgegriffen und noch vertieft – denn damit wurde Handkes Grundsatzattacke gegen die Prinzipien der Gruppe 47 gleichsam geadelt: *Daß Handke zweifellos nicht nur in der Ausdrucksweise, sondern auch in der Ästhetik, die er vertritt, sehr Richtiges mit, wie mir scheint, sehr Falschem verbindet, sollte doch nicht daran hindern zu sehen, was an diesen Dingen über seinen eigenen Fall und seine eigene Kritik hinaus gültig ist. Grass hat mit Recht gestern [...] von der Bundesrepublik als einem Problem des neuen Biedermeier gesprochen. Die Literatur, die wir hier in vielen Fällen erlebt haben, ist eine Literatur, die Reflex einer neurestaurativen, biedermeierlichen Gesellschaft ist, deren typische Züge ein Quietismus, ein Establishment ist, und die in erschreckendem Sinne auch einen Weg des «Zurück zur Natur» gibt, die nicht etwa eine rousseauistische ist, sondern nur eine verdinglichte Welt dadurch darstellt, daß sie sich in die Naturlandschaft flüchtet. Dieses gleiche Phänomen – sehr merkwürdig! – haben wir in der Lyrik während des Dritten Reiches erlebt, von der Stephan Hermlin einmal mit Recht gesagt hat, es sei eine Lyrik der Lurche und Molche gewesen. Wir haben nicht wenige Lurche und Molche auch in Höllerers Text zum Beispiel erlebt. Eine Lyrik, die damals von Loerke, von der Langgässer, auch von Krolow herkam, eine verdinglichte Welt, die hier wiedergegeben wurde, eine Natur ohne den Menschen und eine Literatur, in der Verdinglichung nicht wie in dem großartigen Text von Lettau bewußt als Verdinglichung gegen die humane Welt des Feindes gestellt wird, sondern in dem eine Art Gefälligkeit, Betulichkeit in dem Einverständnis mit einem solchen Zustand der Verdinglichung gewesen ist. Das hängt einmal mit den Zuständen in der Bundesrepublik, mit soziologischen Problemen zusammen, das ist zum anderen bei vielen von denen, die hier gelesen und geschrieben haben, natürlich auch eine Reaktion auf die unzulängliche Ästhetik des sozialistischen Realismus, einer falschen Form der Engagement-Literatur, gegen die nun eine falsche Literatur des status quo gesetzt wird. Und das scheint in der Tat eine bedenkliche Situation zu sein. Insofern hat Handke vollkommen recht gehabt, indem er gesagt hat: Was schreiben denn eigentlich die deutschen Schriftsteller hier? Wie sehen sie die Welt? Wie sehen sie den Menschen? Wie kommt es, daß ihnen hier eigentlich die Menschen ununterbrochen in der Prosa zu Stilleben degenerieren? [...] Und Handke hat vollkommen recht, wenn er sagt, die Kritik, auch hier im Saal, macht es sich zu leicht, sie geht zu sehr gefällig auf diesen Zustand ein, statt die Frage dieses Zustands und seiner Berechenbarkeit zu stellen. Insofern finde ich es sehr gut, daß wir diese Diskussion führen.*[229]

LETZTE GEFECHTE

Aber diese Diskussion wurde dann doch nicht geführt, jedenfalls nicht in der Gruppe 47. Und sie wäre doch notwendig geworden, folgt man einer literarisch und publizistisch unabhängigen Journalistin, Sabina Lietzmann, die Richter auf Bitte von Grass nach Princeton eingeladen hatte: «Handkes Angriff verbreitete etwas Beklommenheit, ein amüsiertes Lächeln, doch dann setzte sofort und ungehindert wieder das Gruppenritual ein: die Kritiker machten Autopsie. Diese Diskussion, in der dreiviertel Stunden Seminarjargon auf einen dünnen Text verwendet wurden, zeigte in besonders krasser Form, woran die Gruppe 47 krankt. Sie weist ja, nach ihrem Daseinszweck befragt, stets auf die Tagung hin und bestreitet für die übrige Zeit des Jahres kokett ihre Existenz, mindestens ihren Zusammenhalt. Ein Mitglied und Verteidiger der Gruppe meinte kürzlich, nirgendwo sonst als auf der Gruppentagung fände ein deutscher Schriftsteller heute noch sachliche Kritik. Nach drei Tagen Princeton muss eine solche Behauptung als schiere Betriebsblindheit erscheinen. Nirgendwo sonst haben wir je Kritik als solche Selbstfeier erlebt. Da treten Professionels auf, kaum daß der letzte Satz verklungen ist, und singen ihre Bravourarien so virtuos, daß sich der Anlaß, der Text, darüber oft vergißt. Mit anderen Worten: so viel Brillanz braucht keinen Anlaß mehr, sie ist pure Selbstdarstellung. – Die Tagungsriten sind versteinert, und wir sehen nicht recht, wem sie noch nützen können, außer den Kritikern als Tribüne.»[230]

Wenige Monate später eröffnete dann, mit Hilfe älterer Autoren wie Robert Neumann und Hans Erich Nossack, die nie bei der Gruppe 47 gewesen waren, die Zeitschrift «konkret» mit Klaus Rainer Röhl und Ulrike Meinhof ihren, so Röhl wörtlich, «Feldzug von links» gegen die Gruppe. Während Nossack in seinem Aufsätzchen «Literarische Prostitution»[231] im Wesentlichen die alten Klischeevorwürfe gegen die Gruppe 47 wieder hervorzog, die sich kaum unterschieden von jenen der rechten Gruppenkritiker wie Hans Habe und Friedrich Sieburg, verfasste Robert Neumann eine witzige und ironische Epistel auf die Gruppe und ihre Leitfiguren, die, wenn man sie heute liest, als durchaus hellsichtig erscheint.[232] Vor allem missfiel ihm an der Gruppe, dass sie die Emigranten links hatte liegen lassen und dass sie in den 1960er Jahren zu einer «Attrappe einer engagierten Literatur» wurde, «engagiert für die Attrappe einer Oppositionspartei».[233] Da hätten eben auch manche jüngeren Schriftsteller nicht mehr mitgemacht.

Ähnlich, aber politisch präziser, hatte zuvor Ulrike Meinhof in einem Kommentar ausgesprochen, worin die Unvereinbarkeit zwischen dem Selbstverständnis der Gruppe 47 und der neuen Generation von Schriftstellern und Publizisten bestand: «Bei näherem Hinsehen war die Gruppe nie linker als die SPD, ihr Links-Image ist so wohlbegründet, wie es das Oppositions-Image der SPD vor der Großen Koalition war. […] So besehen stellt sich die Gruppe als Sozialdemokratie in der Literatur und unter den deutschen Schriftstellern dar. [...] Wäre die Gruppe 47 links, würde sie spätestens jetzt ihre Organisationsform und Binnenstruktur diskutieren, die Linken würden den Rechten den Gruppensegen entziehen [...].»[234]

Damit attackierte Ulrike Meinhof nicht nur das Engagement einiger Gruppenmitglieder in Wahlkämpfen für die SPD – damit benannte sie ein prinzipielles Symptom: Tatsächlich war nun die Nachkriegszeit zu Ende, aus der heraus die Gruppe 47 entstanden war. Die Gruppe war, politisch und literarisch, mit ihren Vorstellungen an einen Zielpunkt gelangt: Ihr Literaturprogramm war erfolgreich geworden, und einiges von ihrem vagen Politikverständnis, das immer auf Reform, nie auf Revolution angelegt war, hatte sich durchgesetzt. Die Gruppe 47 war, ob sie es wollte oder nicht, in eine Repräsentationsrolle hineingewachsen, die ihr aber mit politischen und literarischen Argumenten von der jungen Generation bestritten wurde. Sie gehörte zum bundesrepublikanischen Status quo. Doch ebenden stellte diese junge Generation in Frage – insofern war keine Verständigung mehr möglich.

Nicht wenige aus dieser jungen Generation, von denen einige bald auch ihre ‹kulturrevolutionären› Wortführer wurden, gehörten ja zum Nachwuchs der Gruppe 47, welcher ihr, so Hans Werner Richter, das Überleben garantierte. Und sie fanden Unterstützung bei einigen der älteren Gruppenmitglieder. Damit war das Auseinanderbrechen der Gruppe 47, ihr Ende also, programmiert.

Erich Fried, der von Handkes ‹Gruppenbeschimpfung› begeistert war, brachte das auf den Nenner: *Ich glaube im wesentlichen, daß eine Institution wie die Gruppe, wenn sie sich nicht weiterentwickelt und nicht irgendetwas Neues tut und nicht besser wird, daß sie dann überaltern muß. Es hatten sich Alterserscheinungen in der Gruppe ausgebildet, manche Leute hatten keine Lust mehr zu kommen, und zwar wichtige Leute. Es hatte sich bei manchen eine Ermüdung eingestellt, und sie meinten, wann wird denn Richter mit der «Gruppe 47» endlich Schluß machen. Es war sicher nicht die Studentenbewegung, die der Gruppe irgendwie ein Ende bereitet hat, nicht einmal ein Ende bereiten wollte. Die Demonstration der Studenten hatte ja höchstens die Absicht, die Gruppe dazu aufzufordern, mehr zu tun und sich stärker zu engagieren als bisher und nicht etwa Selbstmord zu begehen.*[235]

Letztes Treffen in Saulgau, 1977

Ein Ende durch Selbstmord oder Altersschwäche? Die Gruppe 47 passte wohl einfach nicht mehr in die Zeit. Zu den literarischen Fraktionierungen kamen nun auch die politischen Gegensätze. Einige Autoren wollten eine andere Gruppe, oder sie wollten mit der Gruppe etwas anderes als Hans Werner Richter.

Jedenfalls fand 1967 in der Pulvermühle in Oberfranken die letzte klassische Tagung der Gruppe 47 statt. Dort demonstrierten einige Erlanger SDS-Studenten vor dem Tagungslokal und nannten die Gruppe 47 einen Papiertiger. Yaak Karsunke meinte später, es sei *alles lustig, vollkommen unaggressiv* zugegangen, und er sei *sehr erschrocken* gewesen *zu sehen*, mit welcher *Aggressivität ein großer Teil der Gruppenmitglieder auf diesen harmlosen Studentenulk reagiert haben.*[236] Die politisch progressive und literarische Gruppe 47 war nicht in der Lage, sich verbal mit Studenten, die, zugegeben, ihren Tagungsablauf störten, auseinander zu setzen. Nur einige von ihnen, Lettau, Hildesheimer, Rühmkorf, haben dann mit den studentischen Kritikern gesprochen. Karsunke schreibt: *In gewisser Weise ist diese Gruppe 47, oder der Traum, den Hans Werner Richter davon hatte, tatsächlich in der Pulvermühle zerbrochen, weil plötzlich die Außenwelt eindrang. Für meine Begriffe ist sie aber nicht am Eindringen der Außenwelt zerbrochen, sondern an der Unfähigkeit der Gruppe, darauf angemessen zu reagieren.*[237]

Die literarische Welt, in der die Gruppe lebte, hatte sich verselbständigt. Sie war empfindlich geworden gegen Veränderungen, die sie von außen bedrohten in dem Selbstbild, das sie von sich malte, genauer: das Hans Werner Richter sich von ihr malte. Denn er war der Chef, der Familienvater, der Gastgeber – der Einzige, der die Gruppe dadurch legitimierte, dass er seine Postkarten schrieb und die Mitglieder der Gruppe jeweils neu als solche ernannte.

Eine weitere Tagung nach der Pulvermühle war geplant, wiederum im Ausland, 1968 auf Schloss Dobříš bei Prag. Sie wurde vom Einmarsch der Truppen des Warschauer Pakts verhindert. Und damit wurde ein Plan Richters vereitelt: Nach dieser Tagung wollte er nicht mehr zur Gruppe einladen, sondern zu den Anfängen zurückkehren: zur Politik. Wieder einmal wollte er den alten *Ruf*, mit dem alles angefangen hatte, neu herausbringen. Doch auch dazu kam es nicht.

So wie die Gruppe 47 laut Hans Werner Richter ja nie gegründet worden, sondern bloß entstanden war, so löste sie sich auch auf: Es gab sie einfach deshalb nicht mehr, weil Hans Werner Richter keine Einladungskarten mehr verschickte. Das Netzwerk der Freund- und Feindschaften, das die Gruppe eigentlich ausmachte, bestand noch eine Weile fort. Immer wieder kam mal eine Anfrage an Richter: Ob er nicht denn doch wieder …? Aber Richters Postkarten blieben aus. Bis 1972 in Berlin, wo er mit einer kleinen Truppe den 25. Geburtstag der Gruppe feierte. Und 1977. Da lud er, zum runden 30. Geburtstag der Gruppe, viele der alten 47er und nur wenige der jüngeren Schriftsteller noch einmal ein in die Kleber-Post nach Saulgau. Dort las man fast wie zu alten Zeiten, vermutlich etwas wehmütiger, und man kritisierte ein wenig, vermutlich etwas freundlicher. Und dann sagte Richter: *Jetzt ist Schluß!* Und damit war wohl wirklich Schluss. Deshalb ist diese Tagung als ‹Begräbnistagung› in die Annalen der Gruppe 47 eingegangen.

Das ‹Phänomen› Gruppe 47 war Geschichte – ein Phänomen, das es gleichsam nur atmosphärisch erst zweimal, dann nur noch einmal für ein paar Tage im Jahr gegeben hatte. Das allerletzte Treffen im Mai 1990 fand schließlich doch noch auf Schloss Dobříš in der Nähe des nun wieder befreiten Prag statt und war ein Treffen der Veteranen mit der ganz jungen Generation – eine Tagung, zu der der Altstar Grass den Altchef Richter, dem er ja mit *Das Treffen in Telgte* schon eine barocke Erzählung der Gruppe 47 geschenkt hatte, liebevoll im Rollstuhl schieben musste. Gelesen wurde wie zu alten Zeiten, aber kritisiert wurde eher wie in Klagenfurt, wo Marcel Reich-Ranicki, durchaus zeitgemäß, die Börsenaspekte der Gruppe 47 wieder belebt hatte: den literarischen Markt in noch perfektionierterer Form.

So etwas wie die Gruppe 47 neigt dazu, Legenden auszubilden. Auch Hans Werner Richter hat heftig dazu beigetragen: ein aufgeklärter absoluter Monarch, der in zwanzig Jahren neunundzwanzigmal[238] für ein paar Tage einen Haufen feierfreudiger und trinkfester, eitler und eifernder, befreundeter und dann wohl auch verfeindeter Literaten regierte.

Aber diese besondere Gruppen-Atmosphäre war nach 1967 nicht mehr zu haben.

Anmerkungen

1 So erzählte Günter Grass am 3. März 1997 im Literarischen Colloquium in Berlin bei einer Veranstaltung zum 50. Jahrestag der Gruppe 47 (Tonbandabschrift).
2 Hans Magnus Enzensberger: «Meldungen vom lyrischen Betrieb», in: «Frankfurter Allgemeine Zeitung», 14. März 1989
3 «außerdem – Deutsche Literatur minus Gruppe 47 = wieviel?», nannte Hans Dollinger seine 1967 erschienene Anthologie, in der er beweisen wollte, dass die Gruppe 47 die deutsche Literatur nicht repräsentiere.
4 Hermann Kinder: «Der Mythos von der Gruppe 47», Eggingen 1991 (Parerga 4), S. 47
5 Ebd., S. 46. In Göttingen lehnte der Germanist Walther Killy noch 1963 das Begehren seiner Studenten nach Behandlung der «Blechtrommel» in einem Seminar über den deutschen Roman ab mit dem Hinweis, er könne die Struktur des Romans genauso gut anlässlich von Goethes «Wahlverwandtschaften» erklären.
6 Hermann Kinder: «Sätze zum Satz vom Ende der Literatur», in: «TEXT + KRITIK», 1992, H. 113: «Vom gegenwärtigen Zustand der deutschen Literatur», S. 6
7 Vgl. den Band «Brauchen wir eine neue Gruppe 47? 55 Fragebögen zur deutschen Literatur. Eingesammelt von Joachim Leser und Georg Guntermann», Bonn 1995
8 Ebd., S. 94, 110 und 58
9 Hans Sarkowicz/Alf Mentzer: «Literatur in Nazi-Deutschland. Ein biografisches Lexikon», Hamburg–Wien 2000, S. 143 ff.
10 Ebd., S. 73; vgl. auch W. G. Sebald: «Between the Devil and the Deep Blue Sea. Alfred Andersch. Das Verschwinden in der Vorsehung», in: «Lettre International», 1993, H. 20, S. 80–84
11 Sarkowicz/Mentzer, a. a. O., S. 348 f.
12 Nur redaktionell (DR) gekennzeichneter Artikel in «Der Ruf», 1. Jg., Nr. 1, München, 15. August 1946, S. 2; unter Anderschs Namen abgedruckt auch in «Der Ruf. Eine deutsche Nachkriegszeitschrift», hg. von Hans Schwab-Felisch, München 1962, S. 26–29
13 Sowohl Richter als auch Andersch warfen den Emigranten vor, in der Weimarer Republik vor den Nationalsozialisten versagt zu haben. Vgl. dazu Helmut Peitsch: «Die Gruppe 47 und die Exilliteratur – ein Mißverständnis?», in: Justus Fetscher/Eberhard Lämmert/Jürgen Schutte (Hg.): «Die Gruppe 47 in der Geschichte der Bundesrepublik», Würzburg 1991, S. 108–134. Da die meisten Emigranten ja fliehen und ihr Leben retten mussten, nur weil sie Juden waren, wurde solchen Vorbehalten gegen die Emigranten von Kritikern der Gruppe auch Antisemitismus unterstellt. Vgl. Klaus Briegleb: «Mißachtung und Tabu. Eine Streitschrift zur Frage: ‹Wie antisemitisch war die Gruppe 47?›», Berlin–Wien 2003.
14 Vgl. Stefan Braese: «‹... nicht uns zugehörig› – Hermann Kesten und die Gruppe 47», in: «Bestandsaufnahme. Studien zur Gruppe 47», hg. von Stephan Braese, Berlin 1999, S. 175–207 (künftig zitiert als: Bestandsaufnahme 1999)
15 Vor allem Klaus Briegleb hat mit seinem Buch «Mißachtung und Tabu» ein Muster solcher Verschwörungskonstruktion geliefert. Ein zentraler Satz (a. a. O., S. 94 f.): «Der Erfolg der Methode als konsolidierende Dynamik in der Gruppe 47 kann das historische Gewicht eines erfolgreichen deutsch-kulturellen Wahn-Produkts beanspruchen: Eine jüdische Doppelschuld –

1933 haben sie uns im Stich gelassen (‹Emigranten›), 1945 sind sie als Emigranten unverändert wiedergekommen (‹Re-emigranten›) und verkörpern mit erhobenem Zeigefinger die ‹Wiederkehr des Alten›, wogegen wir kämpfen – diese Zuschreibung ist wahrlich eine Allschuld-Zuschreibung, hinter der das Gerücht von der Schuld ‹der Juden› lauert und die – wir wollen annehmen: undurchschaut – das Kernmotiv einer Abgrenzung ist, die nicht nur dieses Literaten-Ensemble begründet und zusammengehalten hat, sondern auch seine repräsentative Schuld am Scheitern der deutschen Gedenkkultur bis über die Schwelle der Wiedervereinigung anzeigt.» Das ist komplex geschnürt.

16 Zitiert nach den Interviews, die im Zusammenhang mit dem erarbeiteten Buch mit Autoren der Gruppe 47 geführt wurden. Die Interviews liegen zur Einsicht aller in der Bibliothek des Seminars für Deutsche Philologie der Georg-August-Universität Göttingen, Käte-Hamburger-Weg 3, 37073 Göttingen (künftig zitiert als: Göttinger Interview). Das Buch, das wir damals erarbeiteten, gehört auch heute noch zu den unentbehrlichen Grundwerken über die Gruppe: «Die Gruppe 47», dritte, gründlich überarbeitete Auflage, Sonderband der Zeitschrift «TEXT + KRITIK», München 2004 (künftig zitiert als: TEXT + KRITIK 2004).

17 Während einer Tagung über die Gruppe 47, veranstaltet von der Friedrich-Ebert-Stiftung 1987 in Bad Münstereifel

18 So nach Jérôme Vaillant: «Der Ruf. Unabhängige Blätter der jungen Generation (1945–1949). Eine Zeitschrift zwischen Illusion und Anpassung», München–New York–Paris 1978 (fortan: Vaillant). Aus diesem Buch und aus dem Sonderband «Die Gruppe 47» der Zeitschrift «TEXT + KRITIK» beziehe ich die wesentlichen Fakten und Daten zum *Ruf*, ohne jede geringfügige indirekte Zitation nachzuweisen.

19 Zitiert nach der Faksimile-Ausgabe des *Ruf*, München 1986

20 Genauestens schildert Stephan Reinhardt diese Abläufe: «Alfred Andersch. Eine Biographie», Zürich 1990 (zitiert als: Reinhardt 1990). Vgl. ergänzend auch W. G. Sebald, a. a. O.

21 Die genaue Geschichte der Entstehung des *Ruf* beschreibt minutiös: Vaillant. Ich teile hier nur solche Fakten mit, die ins weitere Umfeld der Gruppe 47 gehören.

22 Vaillant, S. 50

23 Vgl. Walter Kolbenhoff: «Schellingstraße 48. Erfahrungen mit Deutschland», Frankfurt a. M. 1984

24 Alfred Andersch in einem Rundfunkinterview, nachzuhören in: Heinz Ludwig Arnold: «Die Gruppe 47. Zwei Jahrzehnte deutscher Literatur», Hörbuch mit 2 CDs, München 2002. Dort noch viele Statements, Interviewausschnitte und Tondokumente, die im Folgenden zitiert werden mit dem Hinweis: Hörbuch Gruppe 47.

25 Hörbuch Gruppe 47

26 Vaillant, S. 146 ff.

27 Andersch an Berthold Spangenberg, der von Vinz mit der Gegenlektüre beauftragt war, am 20. November 1946, vgl. Vaillant, a. a. O., S. 121

28 «Rufe an den ‹RUF›», in: «Der Ruf», Nr. 14, 1. März 1947, S. 2 und S. 4; Gerd Klaass: «Das patriotische Trinkwasser», ebd., S. 8; Guggenheimers Text vgl. ebd., S. 10; Klaas' und Guggenheimers Texte sind abgedruckt in: «Der Ruf. Eine deutsche Nachkriegszeitschrift», a. a. O., S. 228 und S. 231.

29 Walter Maria Guggenheimer: «Sehr geehrter Herr Mitläufer», in:

«Der Ruf», München 1962, S. 301 (fortan: Der Ruf)
30 Vaillant, S. 130
31 In einem Brief an Berthold Spangenberg, vgl. ebd., S. 131
32 Ebd., S. 227
33 Eine andere Version besagt, Richter und Andersch sei die Kündigung von Vinz und seinem Personalchef Gerhard Weiß bei einem Essen vorgelegt worden, um die Verträge mit beiden neu formulieren und sie noch stärker an den Verlag binden zu können – das freilich wäre ein übler Trick gewesen. So auch in: Reinhardt 1990, S. 145 f.
34 Vaillant, S. 135
35 Auch die in Anm. 33 mitgeteilte Version spräche freilich für Anderschs und Richters Naivität, zumal in so angespannter Situation.
36 Alfred Andersch an Berthold Spangenberg, zitiert bei: Vaillant, S. 138
37 Hans Werner Richter: «Wie entstand und was war die Gruppe 47?», in: «Hans Werner Richter und die Gruppe 47», hg. von Hans A. Neunzig, München 1979, S. 65–70 (fortan als: Richter 1979)
38 So beide im Gespräch mit Vaillant, S. 140
39 Hans Werner Richter: «Briefe», hg. von Sabine Cofalla, München 1997 (fortan: Richter Briefe), S. 11
40 Ebd., S. 12
41 Ebd., S. 15
42 «Dichter und Richter. Die Gruppe 47 und die deutsche Nachkriegsliteratur», Katalog zur Ausstellung der Akademie der Künste, Berlin, 28. Oktober bis 7. Dezember 1988, S. 144. Der ganze Vortrag in: «Merkur», 1946, H. 6, S. 863–876
43 Heinz Friedrich: «Aufräumarbeiten. Berichte, Kommentare, Reden, Gedichte und Glossen aus vierzig Jahren», München 1987, S. 55
44 Heinz Friedrich: «Das Jahr 1947», in: «Almanach der Gruppe 47. 1947–1962», hg. von Hans Werner Richter, Reinbek 1962 (fortan: Almanach 1962), S. 18
45 Ebd. S. 19
46 Ebd.
47 Richter Briefe, S. 22
48 Dieser Brief wie auch der Brief vom 15. August und das Telegramm vom 27. August in: Archiv der Gruppe 47 (fortan: Archiv)
49 Alfred Andersch, Günter Eich und andere waren verhindert; vgl. Richter Briefe, S. 36, Anm. 6
50 In einem Gespräch mit mir, auch in: Hörbuch Gruppe 47
51 Richter 1979, S. 79 f.
52 So an Richter, dem er am 2. Oktober 1947 ankündigte, er werde in Italien eine Artikelserie veröffentlichen, darunter «Das Capriccio, als neuentdeckte literarische Form» – doch keiner der Artikel ist tatsächlich erschienen; Richter Briefe, S. 42 f.
53 Vgl. «Der Skorpion. Reprint», hg. von Hans Werner Richter, mit einer Dokumentation zur Geschichte des *Skorpion* und einem Nachwort zur Geschichte der Gruppe 47 von Heinz Ludwig Arnold, Göttingen 1991 (fortan: Skorpion. Reprint), und: Almanach 1962. Der ganze Briefwechsel von Kolbenhoff und Schnurre erschien unter dem Titel «Kunst und Künstler. Eine Kontroverse» in den Nummern 1, 5 und 11 der Zeitschrift «Horizont».
54 Wolfdietrich Schnurres Erzählung «Das Begräbnis» sollte in der «Neuen Zeitung» veröffentlicht werden, deshalb bat Schnurre Richter um Dispens («Von wegen der 1 ½ Millionen Leser meine ich» – in: Richter Briefe, S. 39) und bot ihm dann eine andere Erzählung für den *Skorpion* an: «Mal was Neues» (vgl. den Reprint). Der Abdruck in der «Neuen Zeitung» kam aber offensichtlich nicht zustande, «Das Begräbnis» erschien erstmals in: «Ja. Zeitung der jungen Generation», Berlin 1948, H. 3, S. 5. Die

Redaktion der Zeitschrift «Ja» stellte dieser Erzählung folgenden Text voran: «Mit der vorliegenden Arbeit, die auch in der Redaktion heftige Debatten hervorgerufen hat, unternimmt es Wolfdietrich Schnurre, an einem extremen Beispiel die Verzweiflung dieser Zeit darzustellen. Seine Geschichte ist keine Negation, sondern ein literarischer Versuch, die Leser aufzurütteln.» Das erhellt vielleicht, warum die «Neue Zeitung» den Text doch nicht druckte.

55 Sie wurde in einer öffentlichen Lesung der Gruppe 47 nach der Jugenheimer Tagung in Mainz vorgelesen und rief Proteste hervor. Schnurre las sie auch bei der Erinnerungsveranstaltung im September 1977 in Saulgau noch einmal vor. Heinrich Böll, der andere berühmte Gruppenerzähler von Short Stories, war damals noch kaum bekannt, er kam erstmals zur 8. Tagung im Mai 1951 in Bad Dürkheim.

56 Vgl. Heinz Friedrich: «Das Jahr 1947», in: Almanach 1962, S. 20 f.

57 Zwei Gedichtbände erschienen: «Spielplatz und Wüste», Baden-Baden 1949, und «september-phase», Reihe «studio frankfurt», hg. von Alfred Andersch, Frankfurt a. M. 1952; den Umschlag dieses Bandes gestaltete Gisela Andersch.

58 Ilse Schneider-Lengyel: «september-phase», Frankfurt a. M. 1952, S. 9, auch in: Almanach 1962, S. 98

59 Sie starb, arm und verwirrt, am 3. Dezember 1972 im Landeskrankenhaus Reichenau / Bodensee. Gerhard Köpf hat ihr einen Roman gewidmet: «Innerfern», Frankfurt a. M. 1983; vgl. auch Gerhard Köpf: «Fischwinter. Ein Spiel mit Dokumenten», in: «Sprache im technischen Zeitalter», 1983, H. 87, S. 83–95.

60 Richter 1979, S. 80 f.

61 Friedhelm Kröll: «Gruppe 47», Stuttgart 1979, S. 26

62 Richter 1979, S. 81 f.

63 Maria Eibach (= Maria Friedrich, die Frau von Heinz Friedrich): «Ein bedeutungsvolles Treffen», in: «Die Epoche», 28. September 1947; abgedruckt in: «Die Gruppe 47. Bericht, Kritik, Polemik. Ein Handbuch», hg. von Reinhard Lettau, Neuwied–Berlin 1967, S. 21 f. (fortan: Handbuch 1967). Die mangelnde kritische Distanz dieses Berichts aus interner Feder mag man beklagen; immerhin spiegelt der Bericht den verbindenden Geist des Treffens. Ich vermute, der Autor dieses Berichts war tatsächlich Heinz Friedrich selbst; denn in seinem Bericht «Das Jahr 1947», in: Almanach 1962, S. 15–21, tauchen ähnliche Formulierungen auf.

64 Die «Männlichkeit» der frühen Gruppe 47, die ihr manchmal als ‹Antifeminismus› vorgeworfen wurde, hatte ihren natürlichen Grund darin, dass die meisten 47er Kriegsheimkehrer waren, also Soldaten – schon bald aber brachten die Frauen (Bachmann, Aichinger) die neuen literarischen Töne in die Gruppe.

65 Friedhelm Kröll: «Zero Point. Zur Frühgeschichte der Gruppe 47», in: «Das Plateau», 1997, H. 44, S. 43 f.

66 Sarkowicz / Mentzer, a. a. O., S. 143 ff.

67 Kröll: «Zero Point», a. a. O., S. 45

68 Richter 1979, S. 85 ff.

69 Hörbuch Gruppe 47

70 So Sabine Cofalla, in: «Hans Werner Richter – Anmerkungen zum Habitus und zur sozialen Rolle des Leiters der Gruppe 47», in: Bestandsaufnahme 1999, S. 65–85, hier S. 65

71 Richter Briefe, S. 35

72 Skorpion. Reprint

73 Richter 1979, S. 87. Prager: Frederik A. Praeger, österreichischer Emigrant, Chef des Publications

Branch in Hessen, vgl. Richter Briefe, S. 800
74 Das Archiv besteht vor allem aus der Korrespondenz Hans Werner Richters und liegt in der Akademie der Künste Berlin-Brandenburg.
75 Brief im Archiv der Gruppe 47. Vgl. dazu die ausführliche Dokumentation in: TEXT + KRITIK 2004
76 Vgl. Cofalla, a.a.O., S. 84, Anm. 6: Danach wollte der Walter Lehning Verlag in Hannoversch-Münden, in dem, geleitet vom Gruppenmitglied Walter Heist, die Zeitschrift «Neues Europa» erschien, den *Skorpion* in einer Auflage von 112 000 Exemplaren herausbringen. Für Heist war die Halbmonatsschrift «Neues Europa», in der viele frühe Gruppenmitglieder, auch Richter, schrieben, so etwas wie das Zwischenstadium zwischen *Ruf* und dem geplanten *Skorpion*. Die Lizenz für den *Skorpion* wurde Ende Juli 1948 beantragt und offensichtlich bald erteilt. Freilich wurde durch die Währungsreform vom 20./21. Juni 1948 das Geld knapp, und viele Zeitschriften mussten im Erscheinen einstellen oder ihre Auflagen erheblich reduzieren. Auch «Neues Europa», ab Januar umbenannt in «Die Deutsche Stimme», wurde im März 1949 eingestellt. Deshalb erscheint mir die Vorstellung, der *Skorpion* sei nach der Währungsreform mit einer so hohen Auflage geplant gewesen, etwas abenteuerlich.
77 Handbuch 1967, S. 25
78 Über Hinkel hat Goebbels in sein Tagebuch geschrieben, er sei ein «geborener Intrigant und Lügner» (vgl. Ernst Klee: «Das Personenlexikon zum Dritten Reich», Frankfurt a. M. 2003); Hinkel war seit 1933 Staatskommissar im preußischen Wissenschaftsministerium, betreut mit den besonderen Aufgaben der Überwachung und «Entjudung» von Kunst und Kultur, und ab 1936 Geschäftsführer der Reichskulturkammer; von Arens' Verbindung zu Stefan Zweig wusste Hinkel offensichtlich nichts. Ein von Arens geplantes und zunächst von Goebbels befürwortetes Buch mit dem Arbeitstitel «Unser Bekenntnis zum Führer», das den Kampfgeist im Krieg stärken sollte, wurde von der Reichskulturkammer im September 1944 als «kriegsunwichtig» abgelehnt. «Es ist kaum vorstellbar, daß Hans Werner Richter nichts über Hanns Arens' Vergangenheit wußte. Hanns Arens war in den Verlegerkreisen bekannt, in denen sich auch Hans Werner Richter aufhielt. Warum er, als nach dem Ende des NS-Regimes bekennender Antifaschist, die Tagung im Haus ‹Waldfrieden› abhielt, ist heute nicht mehr nachzuvollziehen. Man kann nur davon ausgehen, daß durch den Vorschlag von Inge Scholl, dort zu tagen, die Vergangenheit in diesem Moment außen vor blieb. In welchem Verhältnis Inge Scholl mit Hanns Arens stand, ist nicht bekannt. Wahrscheinlich kannten sie sich von diversen Veranstaltungen in Ulm.» So Gudrun Ritscher: «Die 2. Tagung der ‹Gruppe 47› in Herrlingen», Magisterarbeit, Konstanz 2003, Kapitel 3.4.3. – Wieder einmal erweist sich, dass im Rückblick sich die alten Bilder sehr viel klarer zeichnen lassen, als sie den Abgebildeten in der unmittelbaren Zeitgenossenschaft bewusst gewesen sein mögen.
79 1933 musste der Verleger Richard Bechtle entschädigungslos die Mehrheit der Verlagsrechte an die NS-Presse abgeben, wurde mit Berufsverbot belegt und aus der Leitung von Verlag und Redaktion ausgeschlossen. Erst 1949 konnte der Bechtle Verlag wieder eröffnet werden.
80 Hans Werner Richter am 14. November 1947 an Wolfdietrich

Schnurre, darin auch die anderen Informationen über die Lesungen, in: Richter Briefe, S. 62
81 Friedrich Minssen in: «Frankfurter Hefte», Februar 1948, auch in: Handbuch 1967, S. 29
82 Brief an Richter vom 29. September 1947, in: Richter Briefe S. 41
83 «Es ist anzunehmen, daß die deutschen Heimkehrer sich in diesem überfrachteten Amalgam aus Heidegger und Sartre, aus Hemingwayscher Parataxe und feuilletonistischer Liebesgeschichte nicht wiedererkannten.» Irene Heidelberger-Leonard: «Zur Dramaturgie einer Abwesenheit – Alfred Andersch und die Gruppe 47», in: Bestandsaufnahme 1999, S. 97. – Reinhardt 1990 (S. 151 f.) schreibt, die Urform des Textes sei bereits im Dezember 1943 entstanden.
84 Reinhardt 1990, S. 152
85 Ebd.
86 Alfred Andersch: «Deutsche Literatur in der Entscheidung», Karlsruhe 1948, auch in: ders.: «Gesammelte Werke in zehn Bänden. Kommentierte Ausgabe», hg. von Dieter Lamping, Zürich 2004, Bd. 8: «Essayistische Schriften I», S. 187–218
87 Richter an Schnurre, in: Richter Briefe, S. 62
88 Dies wie alle Zitate, die in diesem Zusammenhang nicht gesondert nachgewiesen werden, stammen aus Anderschs Essay, a. a. O.
89 Andersch: «Deutsche Literatur in der Entscheidung», a. a. O., S. 212
90 Andersch hat viele Jahre später seine Naivität und Geschichtsblindheit erkannt, vgl. dazu wie auch zu Anderschs Essay generell Heidelberger-Leonard in: Bestandsaufnahme 1999, S. 96 u. ö.
91 Almanach 1962, S. 55 f.
92 Hans Werner Richter: «Im Etablissement der Schmetterlinge. Einundzwanzig Portraits aus der Gruppe 47», München 1986, S. 29 (fortan: Richter Schmetterlinge)
93 Richter 1979, S. 90
94 Richter Briefe, S. 65
95 Ebd., S. 185
96 Richter Schmetterlinge, S. 42
97 Richter 1979, S. 88. Es stimmt nicht ganz. Denn im Herbst 1955 las Andersch in Bebenhausen erneut einen Essay vor: «Die Blindheit des Kunstwerks», diesmal freilich mit geringer Resonanz.
98 Hans Werner Richter: «Literatur im Interregnum», in: «Der Ruf», Nr. 15, 15. März 1947, S. 10
99 Andersch: «Deutsche Literatur in der Entscheidung», a. a. O., S. 213
100 Günter Eich: «Gedichte aus dem Lager», in: «Der Ruf», Nr. 7, 15. November 1946, S. 12
101 Seine Gedichte, «in denen Elemente des frühen Bert Brecht und des späten Rilke eine erstaunliche Synthese gefunden zu haben schienen», beeindruckte am stärksten von allen etwa 30 Lesungen. So Gunter Groll, in: Handbuch 1967, S. 34 f.
102 Alfred Andersch: «Gruppe 47. Fazit eines Experiments neuer Schriftsteller», Sendung vom 26. Juli 1949 im «Abendstudio» von Radio Frankfurt a. M., abgedruckt in: «Sprache im technischen Zeitalter», 1988, H. 106, S. 81–94, hier S. 86
103 Almanach 1962, S. 10
104 Ebd., S. 11
105 Ebd., S. 57
106 Richter 1979, S. 93. Der Preis wurde von der McCann Company gestiftet (vgl. Richter Briefe S. 91). Bei Richter immer Franz Josef Schneider; richtig: Joseph.
107 Richter Briefe, S. 92
108 Ebd., S. 94
109 Ebd., S. 111
110 Albrecht Knaus in der «Neuen Zeitung», 16. Mai 1950; abgedruckt in: Handbuch 1967, S. 55
111 Ebd.
112 Richter Briefe, S. 113
113 Nur die «Spiegelgeschichte»,

114 Nachzulesen in: Almanach 1962, S. 189–210
115 Göttinger Interview mit Helmut Heißenbüttel, S. 28
116 Ebd., S. 10
117 So nach Richter in einem undatierten Brief an Christian Ferber im Herbst 1962, Archiv
118 Rudolf Krämer-Badoni in Peter Roos: «Die ‹Gruppe 47› war kein Papiertiger», in: «die horen», 1980, H. 4, S. 20 (fortan: Roos)
119 Ebd.
120 Barbara König hat diese Notizen während der Tagung über die Gruppe 47, veranstaltet von der Friedrich-Ebert-Stiftung 1987 in Bad Münstereifel, vorgelesen – das Zitat folgt ihrem Manuskript und der Lesung im Hörbuch Gruppe 47. Auszüge aus dem Tagebuch, die Gruppe 47 betreffend, sind abgedruckt in: «Sprache im technischen Zeitalter», 1988, H. 106, S. 72–78, der zitierte Passus S. 73.
121 Richter 1979, S. 111
122 Richter Schmetterlinge, S. 35
123 Roos, S. 21
124 Hans Werner Richter 1962 in einem Gespräch mit Horst Krüger, in: Hörbuch Gruppe 47
125 Richter Briefe, S. 378
126 Ebd., S. 623 f.
127 Roos, S. 20
128 Hans Werner Richter 1962 im Gespräch mit Horst Krüger, in: Hörbuch Gruppe 47
129 Zitiert nach meiner Abschrift, das Gespräch wurde nicht veröffentlicht.
130 Ilse Aichinger: «Spiegelgeschichte», in: dies.: «Der Gefesselte. Erzählungen I (1948–1952)», Frankfurt a. M. 1991, S. 63–74, hier S. 74.
131 Richter 1979, S. 105
132 Hier in der Fassung zitiert, die in «Die Literatur» Nr. 6, 1. Juni 1952, S. 2, abgedruckt ist und die Ingeborg Bachmann vermutlich so auch in Niendorf vorgetragen hat. Die bearbeitete Fassung erschien dann in «Die gestundete Zeit», auch in: dies.: «Werke», hg. von Christine Koschel, Inge von Weidenbaum, Clemens Münster. Erster Band, München–Zürich 1978, S. 32.
133 Aus Ingeborg Bachmanns Gedicht «Die gestundete Zeit», ebd., S. 37
134 Richter Briefe, S. 127
135 So Paul Celan freilich erst 1958: «Ansprache anläßlich der Entgegennahme des Literaturpreises der Freien Hansestadt Bremen», in: ders.: «Gesammelte Werke», Bd. 3, Frankfurt a. M. 1983, S. 185 f.
136 Richter 1979, S. 112
137 Ebd., S. 111 f.
138 So nach: Paul Celan / Gisèle Celan-Lestrange: «Briefwechsel. Mit einer Auswahl von Briefen Paul Celans an seinen Sohn Eric», hg. und kommentiert von Bertrand Badiou in Verbindung mit Eric Celan. Zweiter Band: «Kommentar», Frankfurt a. M. 2001, S. 52
139 Richter 1979, S. 111
140 Göttinger Interview mit Walter Jens (geführt am 15. Oktober 1976 in Tübingen), S. 6
141 Auf diese Debatte will ich hier nicht eingehen. Sie würde den engen Rahmen dieses Buches sprengen. Ich habe dazu eingangs einiges gesagt. Und will nochmals auf die Arbeiten von Klaus Briegleb verweisen, vor allem auf sein Buch «Mißachtung und Tabu. Eine Streitschrift zur Frage: ‹Wie antisemitisch war die Gruppe 47?›», Berlin–Wien 2003, in dem er auch das Verhältnis der Gruppe 47 zu anderen jüdischen Autoren ‹dekonstruiert›, unter anderen Hermann Kesten, Peter Weiss, Marcel Reich-Ranicki, Wolfgang Hildesheimer. Ich halte diese nachträglichen Konstruktionen (das sind sie nämlich eher als ‹Dekonstruktionen›) für

problematisch. Aber ich will nicht ausschließen, ja kann mir sogar vorstellen, dass die genannten Autoren in der Gruppe 47 das Gefühl einer Fremdheit nicht verloren haben – aus welchen Gründen auch immer.

142 Celan/Celan-Lestrange: «Briefwechsel». Erster Band: «Die Briefe», a. a. O., S. 21–23

143 Rolf Schroers am 7. November 1952 in der «Frankfurter Allgemeinen Zeitung», auch in: Handbuch 1967, S. 83

144 «Die Zeit», 14. August 1952. Am 13. September 1952 publizierte Sieburg in Nr. 19 der Zeitschrift «Die Gegenwart» einen weiteren Artikel gegen die Gruppe 47: «Literarischer Unfug».

145 «Die Literatur», Nr. 14, 1. Oktober 1952. Der Bakel ist der Stock eines Schulmeisters.

146 In einem Brief an mich vom 12. November 1962, in dem er auf meinen Plan eingeht, die literarische Zeitschrift «TEXT + KRITIK» zu gründen und mit einem Heft über Günter Grass zu beginnen.

147 Nach einer von Bernd Rauschenbach (Arno Schmidt-Archiv) mir übermittelten Kopie des Briefes

148 Joachim Kaiser: «Die Gruppe 47 als munteres Nachkriegswunder», in: ders.: «Von Wagner bis Walser. Neues zu Literatur und Musik», Zürich 1999, S. 88

149 Ebd., S. 88 f.

150 Rolf Schroers in der «Frankfurter Allgemeinen Zeitung», 23. Oktober 1953, auch in: Handbuch 1967, S. 92

151 Vgl. dazu die Listen in Handbuch 1967, S. 527–531. Da fungiert Thelen, der einmal gelesen hat, als «Autor, der gelesen hat», Kesten, der gelesen hat, wird dort als «Gast» klassifiziert. Im Grunde ist eine solche Klassifizierung auch widersinnig, da ja doch die Gruppe nach Richter kein Verein mit Mitgliedschaft und Gaststatus war.

152 Handbuch 1967, S. 80

153 Zur Jury gehörten Annette Kolb, Thomas Mann, Alfred Neumann, Hermann Kesten und Ernst Penzoldt; Kesten plädierte sehr für Richter, und schließlich stimmte nach Widerständen auch Thomas Mann bei. Richter Briefe S. 138.

154 So Richter in seinem Brief vom 8. April 1952 an Hermann Kesten, Richter Briefe S. 140

155 Vgl. Stefan Braese in: Bestandsaufnahme 1999

156 Auch dazu ließen sich weitere spekulative Vermutungen anstellen, besonders, da die meisten Emigranten Juden waren, im Hinblick auf den Antisemitismus-Vorwurf gegenüber der Gruppe (vgl. Briegleb, a. a. O.).

157 Hans Werner Richter im Gespräch mit Horst Krüger, 1962, Hörbuch Gruppe 47

158 Heinz Ludwig Arnold: «Gespräch mit Helmut Heißenbüttel», in: «Schriftsteller im Gespräch mit Heinz Ludwig Arnold», Bd. II, Zürich 1990, S. 211–259, hier S. 253 f.

159 Charlotte Stephan in: «Der Tagesspiegel», 17. Mai 1955, auch in: Handbuch 1967, S. 107

160 Fritz J. Raddatz in der «Neuen Deutschen Literatur», Berlin, Juli 1955, auch in: Handbuch 1967, S. 111

161 Peter Hornung im «Tages-Anzeiger», Regensburg, Mai 1955, auch in: Handbuch 1967, S. 109

162 Charlotte Stephan, a. a. O.

163 H. L. A.: «Gespräch mit Helmut Heißenbüttel», a. a. O., S. 254

164 Ebd.

165 Peter Bichsel am 3. März 1997 im Literarischen Colloquium in Berlin bei einer Veranstaltung zum 50. Jahrestag der Gruppe 47 (Tonbandabschrift)

166 Richter 1979, S. 125

167 Ebd.

168 Arnold Bauer in «Der Kurier», Berlin, 5./6. Oktober 1957, auch in: Handbuch 1967, S. 127
169 Ebd.
170 Richter 1979, S. 126
171 Die folgende Dokumentation der Diskussion folgt meiner Abschrift der Tonbandaufnahme, im Besitz HLA. Nicht alle Stimmen waren zu identifizieren.
172 Joachim Kaiser: «Frankfurter Allgemeine Zeitung», 2. Oktober 1957, auch in: Handbuch 1967, S. 124
173 Hans Mayer: «Woran starb die Gruppe 47?», in: «Süddeutsche Zeitung», 21./22. August 1971
174 So Reinhard Baumgart in: «Damals. Ein Leben in Deutschland 1929–2003». München 2003, S. 228
175 Richter 1979, S. 135
176 vgl. dazu: TEXT + KRITIK 2004, S. 209, 211 f. et passim
177 Ebd., S. 216 f.
178 Heinrich Böll 1964 in einem Rundfunk-Interview, Hörbuch Gruppe 47
179 Alfred Andersch 1979 in einem Rundfunk-Interview, Hörbuch Gruppe 47
180 Roos, S. 25
181 Göttinger Interview mit Helmut Heißenbüttel, S. 16 f.
182 Am 26. September 1961 an Wilm Böhm, Richter Briefe, S. 365
183 Am 26. September 1961, ebd., S. 369
184 Ebd., S. 286
185 Ebd., S. 366 f.
186 Roos, S. 31
187 «Die Zeit», 2. November 1962
188 In: «Der Spiegel fragte: Ist eine Revolution unvermeidlich? 42 Antworten auf eine Alternative von Hans Magnus Enzensberger», hg. vom Spiegel-Verlag, o. O. und o. J. (1968)
189 Hans Magnus Enzensberger: «Gemeinplätze, die Neueste Literatur betreffend», in: «Kursbuch», Nr. 15, 1968, S. 189
190 Vgl. auch Marcel Reich-Ranickis Autobiographie «Mein Leben», Stuttgart 1999, S. 410 f., vgl. dort auch einige Anmerkungen zur Form des antisemitischen Ressentiments Hans Werner Richters, das ihn, so Reich-Ranicki, «zu einer typischen Figur seiner Zeit macht».
191 Richter Briefe, S. 371
192 Ebd., S. 370
193 Zur literarischen Entwicklung in der Gruppe 47 gibt es einen sehr brauchbaren Überblick in TEXT + KRITIK 2004, S. 80–168
194 Richter Briefe, S. 600
195 Richter 1979, S. 127
196 So laut Walter Jens in: Bestandsaufnahme 1999, S. 213
197 Richter Briefe, S. 518
198 Vgl. zur gesamten Tagung in Sigtuna Fredrik Benzinger: «Die Tagung der ‹Gruppe 47› in Schweden 1964 und ihre Folgen», Germanistisches Institut Universität Stockholm 1983; hier besonders S. 99–112
199 Ebd., S. 103
200 Ebd., S. 108
201 Ebd. S. 70 f.
202 So Hans Habe am 19. Juni 1964 in der «Weltwoche», zitiert nach: «Die Zeit», 3. Juli 1964
203 Die ausführlichen Polemiken Neumanns und Nossacks hat die Gruppe in ihrem Handbuch 1967 nicht abgedruckt; sie sind nachzulesen in dem Bändchen «Gruppe 47. Die Polemik um die deutsche Gegenwartsliteratur. Eine Dokumentation», hg. von Horst Ziermann, Frankfurt a. M. 1966
204 Vgl. Handbuch 1967, S. 503–514
205 Martin Walser: «Sozialisieren wir die Gruppe 47!», in: «Die Zeit», 3. Juli 1964; auch in: Handbuch 1967, S. 368–370
206 Ebd., S. 368. Alle weiteren Zitate aus dem Aufsatz ebd. und S. 369 f.
207 Richter Briefe, S. 507. Carl Amery ist der Nom de Plume von Christian Anton Mayer.

208 Gespräch mit Horst Krüger, in: Hörbuch Gruppe 47
209 Richter Briefe, S. 607–612
210 Ebd., S. 616
211 Ebd., S. 402
212 Joachim Kaiser, in: Roos, S. 31
213 Peter Weiss: «Notizbücher 1971–1980. Zweiter Band», Frankfurt a. M. 1981, S. 728
214 Richter Briefe, S. 595
215 Ebd., S. 587
216 Ebd., S. 588
217 Ebd., S. 579
218 Ebd.
219 Handbuch 1967, S. 459–462
220 Peter Weiss: «Notizbücher 1960–1971», Frankfurt a. M. 1982, Bd. 2, S. 491
221 Ebd., S. 491 f.
222 Peter Weiss: «I come out of my Hiding-Place», gehalten in Princeton, 25. April 1966, in: «Über Peter Weiss», hg. von Volker Canaris, Frankfurt a. M. 1970, S. 14
223 Was er spätestens mit «Die Rättin» aufgegeben hat; vgl. Heinz Ludwig Arnold: «Ausgehend vom Labesweg 13. Rückblick auf Günter Grass», in: «Neue Rundschau», 2003, H. 4, S. 112–133
224 Günter Grass: «Vom mangelnden Selbstvertrauen der schreibenden Hofnarren unter Berücksichtigung nicht vorhandener Höfe», in: ders.: «Über das Selbstverständliche», Neuwied–Berlin 1968, S. 108
225 So notierte Weiss nach der überaus erfolgreichen Uraufführung seines «Marat/de Sade»-Stücks: «Grass in der Pause böse an mir vorbei. Nahm mir das Stück übel.» Und nach der Princeton-Tagung: «mir ist es gleichgültig was er macht, für mich ist alles schlecht (sagt Grass).» In: Peter Weiss: «Notizbücher 1960–1971», a.a.O., Bd. 1, S. 237 und Bd. 2, S. 503. Ausführlicher zu diesem Konflikt Sven Kramer: «Peter Weiss und die Gruppe 47», in: Bestandsaufnahme 1999, S. 155–174, besonders S. 170–172
226 So berichtete Joachim Kaiser am 30. April 1966 in der «Süddeutschen Zeitung»; auch in: Handbuch 1967, S. 224
227 Fritz J. Raddatz in den «Frankfurter Heften», Juli 1966, auch in: Handbuch 1967, S. 241
228 Peter Handke: «Für eine neue Literatur», in: «konkret», Juni 1966; auch in: «Gruppe 47. Die Polemik um die deutsche Gegenwartsliteratur. Eine Dokumentation», hg. von Horst Ziermann, Frankfurt a. M. 1966, S. 51–54
229 Tonbandabschrift des Mitschnitts von der Princeton-Tagung, im Besitz von HLA; auch in Hörbuch Gruppe 47
230 Sabina Lietzmann in der «Frankfurter Allgemeinen Zeitung», 29. April 1966; abgedruckt in: «Gruppe 47. Die Polemik um die deutsche Gegenwartsliteratur. Eine Dokumentation», a.a.O., S. 47 f.
231 Ebd., S. 92–96, ursprünglich in: «konkret», Juni 1966
232 Ebd. unter dem Titel «Spezis in Berlin», S. 77–91, ursprünglich in: «konkret», Mai 1966. Besonders treffend seine Charakterisierung der beherrschenden Rolle von Günter Grass innerhalb der Gruppe (S. 85 f.)
233 Robert Neumann: «Brief an Roland H. Wiegenstein», in: «Sprache im technischen Zeitalter», 1977, H. 2, S. 76
234 Ulrike Meinhof: «Gruppe 47», in: «konkret», 1967, Nr. 10
235 Roos, S. 29
236 Yaak Karsunke: «Pulvermühle 1967», in: «Sprache im technischen Zeitalter», 1988, H. 106, S. 110
237 Ebd., S. 112
238 Nicht mitgerechnet die Hörspiel- und die Fernsehspieltagung, die einen anderen Charakter hatten.

Tagungen und Preisträger der Gruppe 47

6.–7. September 1947   Bannwaldsee bei Füssen (Allgäu) – Haus von Ilse Schneider-Lengyel

8.–9. November 1947   Herrlingen bei Ulm – Haus von Hanns Arens

3.–4. April 1948   Jugenheim an der Bergstraße – Jugendherberge

September 1948   Altenbeuern bei Rosenheim (Oberbayern) – Haus der Gräfin Degenfeld

28. April – 1. Mai 1949   Marktbreit bei Würzburg – Altes Rathaus

14.–16. Oktober 1949   Utting am Ammersee (Oberbayern) – Café Bauer

12.–14. Mai 1950   Inzigkofen – ehemaliges Kloster
1. Preis der Gruppe 47 (1000 DM, gespendet von der McCann Company): **Günter Eich** (für Gedichte)

4.–7. Mai 1951   Bad Dürkheim – Hotel
2. Preis der Gruppe 47 (1000 DM, gespendet von der McCann Company): **Heinrich Böll** (für die Satire «Die schwarzen Schafe»)

18.–20. Oktober 1951   in der Laufenmühle im Welzheimer Wald bei Ulm

23.–25. Mai 1952   Niendorf (Ostsee) – Erholungsheim des Nordwestdeutschen Rundfunks
3. Preis der Gruppe 47 (2000 DM, gespendet von der Deutschen Verlags-Anstalt): **Ilse Aichinger** (für «Spiegelgeschichte»)

31. Oktober – 2. November 1952   Burg Berlepsch bei Göttingen

22.–24. Mai 1953   Mainz – Schloss
4. Preis der Gruppe 47 (2000 DM, gespendet vom Rowohlt Verlag und dem Südwestfunk): **Ingeborg Bachmann** (für Gedichte)

16.–18. Oktober 1953   Schloss Bebenhausen bei Tübingen

29. April – 2. Mai 1954   Cap Circeo / Italien
5. Preis der Gruppe 47 (1000 DM, gespendet vom Verlag Kiepenheuer & Witsch): **Adriaan Morriën** (für die Satire «Zu große Gastlichkeit verjagt die Gäste»)

15.–17. Oktober 1954   Burg Rothenfels bei Würzburg

13.–15. Mai 1955   Berlin – Haus am Rupenhorn (Jugendleiterschule)
6. Preis der Gruppe 47 (1000 DM, gespendet vom Luchterhand-Verlag und vom Weiss-Verlag): **Martin Walser** (für die Erzählung «Templones Ende»)

14.–16. Oktober 1955   Schloss Bebenhausen bei Tübingen

25.–27. Oktober 1956   Niederpöcking am Starnberger See – Schule des Deutschen Gewerkschaftsbundes

27.–29. September 1957   Niederpöcking am Starnberger See – erneut DGB-Schule

31. Oktober – 2. November 1958   Großholzleute (Allgäu) – Gasthof Adler
7. Preis der Gruppe 47 (5000 DM, gespendet von elf deutschen Verlagen): **Günter Grass** (für das erste Kapitel aus «Die Blechtrommel»)

23.–25. Oktober 1959   Schloss Elmau bei Mittenwald (Oberbayern)

26.–29. Mai 1960   Ulm (Hörspieltagung) – Hochschule für Gestaltung

4.–6. November 1960   Aschaffenburg – Rathaus

14.–16. April 1961   Sasbachwalden bei Achern (Fernsehspieltagung) – Gasthof

27.–29. Oktober 1961   Jagdschloss Göhrde bei Lüneburg

26.–28. Oktober 1962   Berlin – Villa Am Sandwerder 5 («Altes Casino», später Villa des Literarischen Colloquiums Berlin)
8. Preis der Gruppe 47 (7000 DM,

143

gespendet von 14 deutschen Verlagen): Johannes Bobrowski (für Gedichte)

24.–28. Oktober 1963   Saulgau – Hotel Kleber-Post

9.–13. September 1964   Sigtuna/Schweden – Schule des Reichsverbandes der Gemeindebehörden. Im Anschluss an die Tagung fanden öffentliche Lesungen und andere Veranstaltungen in Stockholm statt.

16.–21. November 1965   Berlin – Villa des Literarischen Colloquiums Berlin, Am Sandwerder 5
9. Preis der Gruppe 47 (6000 DM, gespendet von 12 deutschen Verlagen): Peter Bichsel (für Lesung aus dem Roman «Die Jahreszeiten»)

22.–24. April 1966   Princeton, NJ/USA – Whighall der Universität

5.–8. Oktober 1967   Waischenfeld bei Erlangen (Oberfranken) – Gasthof Pulvermühle
10. Preis der Gruppe 47 (6000 DM, gespendet von Grass und Böll mit je 2500 DM, Rest unbekannt): Jürgen Becker (für Lesung aus «Ränder»)

29. April – 1. Mai 1972   Berlin – in der ehemaligen Villa von Samuel Fischer

16.–19. September 1977   Saulgau («Begräbnistagung») – Hotel Kleber Post

25.–27. Mai 1990   Dobříš bei Prag («das letzte Aufgebot»)

Die wichtigsten Autoren und Kritiker der Gruppe 47

(mit ihren Publikationen in der zeitlichen Umgebung des Bestehens der Gruppe 47)

Ilse Aichinger, geboren 1921 in Wien; nach dem «Anschluss» Österreichs verfolgt, ab 1950 Arbeit im S. Fischer Verlag. Publikationen u. a.: «Die größere Hoffnung. Roman» (1948), «Rede unter dem Galgen. Erzählungen» (1952), «Wo ich wohne. Erzählungen, Gedichte, Dialoge» (1963), «Eliza Eliza. Erzählungen» (1965), «Auckland. 4 Hörspiele» (1969). *Preis der Gruppe 47* (1952).

Carl Amery (eigentlich Christian Anton Mayer), geboren 1922 in München; arbeitete zeitweilig als Dramaturg und Redakteur, von 1967 bis 1971 Direktor der Städtischen Bibliotheken München. Publikationen u. a.: «Der Wettbewerb. Roman» (1954), «Die große deutsche Tour. Roman» (1958), «Die Kapitulation oder Deutscher Katholizismus heute» (1963).

Alfred Andersch, geboren 1914 in München, gestorben 1980 in Berzona; Redaktionsarbeit bei der Kriegsgefangenenzeitschrift «Der Ruf» in den USA, nach 1945 zus. mit Hans Werner Richter Herausgeber von «Der Ruf», ab 1948 leitende Tätigkeit in Redaktionen verschiedener Rundfunksender, Herausgeber der Zeitschrift «Texte und Zeichen» (1955–1957). Publikationen u. a.: «Deutsche Literatur in der Entscheidung» (1948), «Die Kirschen der Freiheit. Ein Bericht» (1952), «Sansibar oder der letzte Grund» (1957), «Die Rote. Roman» (1960), «Efraim. Roman» (1967).

Jürgen Becker, geboren 1932 in Köln; 1959 kurzzeitig Mitarbeiter beim Westdeutschen Rundfunk, danach Lektor beim Rowohlt Verlag, ab 1973 Leitung des Suhrkamp-Theater-Verlags. Publikationen u. a.: «Phasen» (1960), «Felder» (1964), «Ränder» (1968), «Umgebungen» (1970). *Preis der Gruppe 47* (1967).

Peter Bichsel, geboren 1935 in Luzern; bis 1968 Primarlehrer. Publikationen u. a.: «Eigentlich möchte Frau Blum den Milchmann kennenlernen» (1964), «Die Jahreszeiten» (1967), «Des Schweizers Schweiz» (1969), «Kindergeschichten» (1969). *Preis der Gruppe 47* (1965).

Johannes Bobrowski, geboren 1917 in Tilsit, gestorben 1965 in Berlin; 1949 Rückkehr aus sowjetischer Kriegsgefangenschaft, danach Lektor im Altberliner Verlag Lucie Groszer, ab 1959 im Union Verlag. Publikationen u. a.: «Sarmatische Zeit. Gedichte» (1961), «Schattenland Ströme. Gedichte» (1962), «Levins Mühle. 34 Sätze über meinen Großvater» (1964), «Mäusefest und andere Erzählungen» (1965). *Preis der Gruppe 47* (1962).

Heinrich Böll, geboren 1917 in Köln, gestorben 1985 in Bornheim-Merten. Publikationen u. a.: «Der Zug war pünktlich» (1949), «Die schwarzen Schafe» (1951), «Wo warst du, Adam? Roman» (1951), «Das Brot der frühen Jahre» (1955), «Billard um halb zehn. Roman» (1959), «Ansichten eines Clowns. Roman» (1963), «Entfernung von der Truppe» (1964), «Ende einer Dienstfahrt» (1966). *Preis der Gruppe 47* (1951), Georg-Büchner-Preis (1967), Nobelpreis für Literatur (1972).

Paul Celan, geboren 1920 in Czernowitz/Bukowina, gestorben 1970 in Paris (Freitod); seine Eltern wurden in deutschen Konzentrationslagern umgebracht; Celan kehrte 1944 aus einem Arbeitslager in Rumänien zurück, 1947/48 Emigration über Wien nach Paris, dort ab 1959 Lektor für deutsche Sprache und Literatur an der École Normale Supérieure. Publikationen u. a.: «Mohn und Gedächtnis» (1952), «Sprachgitter» (1959), «Die Niemandsrose» (1963), «Atemwende» (1967), «Fadensonnen» (1968), «Lichtzwang» (1970). Georg-Büchner-Preis (1960).

Günter Eich, geboren 1907 in Lebus a. d. Oder, gestorben 1972 in Groß-Gmain bei Salzburg. Publikationen u. a.: «Abgelegene Gehöfte. Gedichte» (1948), «Botschaften des Regens. Gedichte» (1955), «Stimmen. Sieben Hörspiele» (1958), «Anlässe und Steingärten. Gedichte» (1966), «Maulwürfe. Prosa» (1968). *Preis der Gruppe 47* (1950), Georg-Büchner-Preis (1959).

Hans Magnus Enzensberger, geboren 1929 in Kaufbeuren; 1955 Promotion, bis 1957 Redakteur beim Süddeutschen Rundfunk, 1960/61 Lektor im Suhrkamp Verlag, 1964/65 Poetikprofessur an der Universität Frankfurt, 1965 Gründung der Zeitschrift «Kursbuch». Publikationen u. a.: «verteidigung der wölfe. Gedichte» (1957), «Museum der modernen Poesie» (Hg., 1960), «landessprache. Gedichte» (1960), «Einzelheiten. Essays» (1962), «blindenschrift. Gedichte» (1964), «Das Verhör von Habana» (1970). Georg-Büchner-Preis (1963).

Erich Fried, geboren 1921 in Wien, gestorben 1988 in Baden-Baden; seit 1938 Emigrant in London, 1952 bis 1968 Kommentator des deutschen Programms der BBC. Publikationen u. a.: «Gedichte» (1958), «Ein Soldat und ein Mädchen. Roman» (1960), «Warngedichte» (1964), «und Vietnam und. Einundvierzig Gedichte» (1966), «Zeitfragen. Gedichte» (1968). Georg-Büchner-Preis (1987).

Günter Grass, geboren 1927 in Danzig; 1948 bis 1956 Studium der Graphik und Bildhauerei in Düsseldorf und Berlin, bis 1959 Aufenthalt in Paris, 1960 Rückkehr nach Berlin. Publikationen u. a.: «Die Vorzüge der Windhühner. Gedichte» (1956), «Die Blechtrommel» (1959), «Katz und Maus. Eine Novelle» (1961), «Hundejahre» (1963), «Die Plebejer proben den Aufstand. Ein deutsches Trauerspiel» (1966). *Preis der Gruppe 47* (1958), Georg-Büchner-Preis (1965), Nobelpreis für Literatur (1999).

Peter Handke, geboren 1942 in Griffen/Kärnten; 1961 bis 1965 Jurastudium in Graz, nach Annahme des Romanmanuskripts «Die Hornissen» durch den Suhrkamp Verlag Abbruch des Studiums. Publikationen u. a.: «Die Hornissen» (1966), «Publikumsbeschimpfung und andere Sprechstücke» (1966), «Der Hausierer. Roman» (1967), «Kaspar» (1968), «Die Angst des Tormanns beim Elfmeter» (1970). Georg-Büchner-Preis (1973).

Helmut Heißenbüttel, geboren 1921 in Rüstringen, gestorben 1996 in Glückstadt; Studium der Architektur, Germanistik und Kunstgeschichte, 1955 bis 1957 Verlagslektor, danach freier Mitarbeiter und ab 1959 Leiter der Redaktion «Radio-Essay» beim Süddeutschen Rundfunk. Publikationen u. a.: «Kombinationen. Gedichte» (1954), «Topographien. Gedichte» (1956), «Textbücher 1–6» (1960–1967), «Projekt Nr. 1. D'Alemberts Ende» (1970). Georg-Büchner-Preis (1969).

Wolfgang Hildesheimer, geboren 1916 in Hamburg, gestorben 1991 in Poschiavo; 1946–1949 Simultandolmetscher bei den Nürnberger Kriegsverbrecherprozessen, ab 1948 Redakteur ihrer Protokolle, ab 1949 frei tätig als Maler und Graphiker, 1950 erste schriftstellerische Arbeiten. Publikationen u. a.: «Lieblose Legenden» (1952), «Paradies der falschen Vögel. Roman» (1953), «Tynset» (1965). Georg-Büchner-Preis (1966).

Walter Höllerer, geboren 1922 in Sulzbach-Rosenberg; nach 1945 Studium der Philosophie, Geschichte, Germanistik und Vergleichenden Literaturwissenschaft, 1949 Promotion, 1954 bis 1967 Mitherausgabe der Literaturzeitschrift «Akzente», ab 1961 Herausgabe von «Sprache im technischen Zeitalter», Lehrtätigkeit an verschiedenen Universitäten, 1958 Habilitation, 1963 Gründung des Literarischen Colloquiums Berlin. Publikationen u. a.: «Der andere Gast. Gedichte» (1952), «Gedichte. Wie entsteht ein Gedicht» (1964), «Systeme. Neue Gedichte» (1969).

Walter Jens, geboren 1923 in Hamburg; Studium der Germanistik und Klassischen Philologie, Promotion 1944, Habilitation 1949, ab 1962 Professor für Klassische Philologie und Allgemeine Rhetorik in Tübingen, ab 1963 Direktor des Seminars für Allgemeine Rhetorik. Publikationen u. a.: «Nein. Die Welt der Angeklagten. Roman» (1950), «Der Blinde. Roman» (1951), «Deutsche Literatur der Gegenwart. Essays» (1961), «Von deutscher Rede» (1969).

Uwe Johnson, geboren 1934 in Kammin/Pommern, gestorben 1984 in Sheerness-on-Sea (England); 1952 bis 1956 Studium der Germanistik in Rostock und Leipzig, 1959 bei Erscheinen von «Mutmassungen über Jakob» Umzug nach West-Berlin, 1966–1968 Aufenthalt in New York, 1974 Umzug nach England. Publikationen u. a.: «Mutmassungen über Jakob» (1959), «Das dritte Buch über Achim» (1961), «Karsch, und andere Prosa» (1964), «Zwei Ansichten» (1965), «Jahrestage 1» (1970). Georg-Büchner-Preis (1971).

Joachim Kaiser, geboren 1928 in Milken/Ostpreußen; Studium der Musikwissenschaft, Germanistik, Philosophie und Soziologie; journalistische Arbeit bei den «Frankfurter Heften» und der «Frankfurter Allgemeinen Zeitung», ab 1959 Kritiker und Feuilletonredakteur bei der «Süddeutschen Zeitung». Publikationen u. a.: «Grillparzers dramatischer Stil» (1961), «Große Pianisten in unserer Zeit» (1965), «Kleines Theatertagebuch» (1965).

Barbara König, geboren 1925 in Reichenberg/Nordböhmen; 1947 bis 1949 journalistische Tätigkeit für die «Deutsche Nachrichtenagentur», danach Redakteurin bei der «Neuen Zeitung», 1950/51 Studium der Zeitungswissenschaft und des Creative Writing in den USA, ab 1958 freie Schriftstellerin. Publikationen bis 1970: «Das Kind und sein Schatten» (1958), «Kies. Roman» (1961), «Die Personenperson. Roman» (1965), «Spielerei bei Tage. Erzählungen» (1969).

Walter Kolbenhoff, geboren 1908 in Berlin, gestorben 1993 in Germering bei München; 1933 Emigration nach Dänemark, 1942 Rückkehr nach Deutschland, um im Auftrag der KPD subversive Arbeit in der Wehrmacht zu leisten, Mitarbeit bei der Kriegsgefangenenzeitschrift «Der Ruf» in den USA sowie, nach der Entlassung, beim neuen «Ruf» und der «Neuen Zeitung». Publikationen u. a. die Romane: «Untermenschen» (1933), «Von unserm Fleisch und Blut» (1947), «Heimkehr in die Fremde» (1949), «Die Kopfjäger. Ein Kriminalroman» (1960).

Siegfried Lenz, geboren 1926 in Lyck/Ostpreußen; nach Kriegsteilnahme Studium der Philosophie, Anglistik und Literaturwissenschaft in Hamburg, Arbeit als Nachrichten- und Feuilletonredakteur, ab 1965 Engagement im Wahlkampf für die SPD. Publikationen u. a.: «Es waren Habichte in der Luft» (1951), «So zärtlich war Suleyken» (1955), «Das Feuerschiff» (1960), «Deutschstunde» (1968).

Fritz J. Raddatz, geboren 1931 in Berlin; Literaturwissenschaftler und Kritiker; 1960 bis 1969 stellvertretender Verlagsleiter des Rowohlt Verlags. Publikationen u. a.: «Kurt Tucholsky» (1961), «Traditionen und Tendenzen. Materialien zur Literatur der DDR» (1969).

Marcel Reich-Ranicki, geboren 1920 in Wloclawek an der Weichsel (Polen); 1929 Übersiedlung nach Berlin, 1938 Deportation nach Polen, 1943 Flucht aus dem Warschauer Ghetto; 1958 Übersiedlung in die Bundesrepublik, Beginn der Zusammenarbeit mit der «Frankfurter Allgemeinen Zeitung», der «Welt» und verschiedenen Rundfunksendern, ab 1960 ständiger Mitarbeiter der «Zeit». Publikationen u. a.: «Deutsche Literatur in West und Ost» (1963), «Literarisches Leben in Deutschland» (1965), «Wer schreibt, provoziert» (1966), «Lauter Verrisse» (1970).

Hans Werner Richter, geboren 1908 auf Usedom, gestorben 1993 in München; Mitarbeit an den Zeitschriften für Kriegsgefangene in den USA «Lagerstimme» und «Der Ruf», ab 1946 Mitherausgeber von «Der Ruf» in München. Begründer und ‹Chef› der Gruppe 47. Publikationen u. a.: «Die Geschlagenen. Roman» (1949), «Sie fielen aus Gottes Hand. Roman» (1951), «Spuren im Sand. Roman einer Jugend» (1953), «Almanach der Gruppe 47» (Hg., 1962), «Blinder Alarm. Geschichten aus Bansin» (1970).

Wolfdietrich Schnurre, geboren 1920 in Frankfurt a. M., gestorben 1989 in Kiel; 1949 Redaktionsvolontär bei Ullstein, danach Mitarbeit bei der «Neuen Zeitung» und als Theater- und Filmkritiker u. a. für die «Deutsche Rundschau» und «Die Welt», ab 1950 freier Schriftsteller. Publikationen u. a.: «Die Rohrdommel ruft jeden Tag. Erzählungen» (1950), «Kassiber. Gedichte» (1956), «Als Vaters Bart noch rot war. Ein Roman in Geschichten» (1958), «Funke im Reisig. Erzählungen» (1963). Georg-Büchner-Preis (1983).

Martin Walser, geboren 1927 in Wasserburg/Bodensee; 1951 Promotion, von 1949 bis 1957 Mitarbeit beim Süddeutschen Rundfunk, 1958 erster USA-Aufenthalt. Publikationen u. a.: «Ein Flugzeug über dem Haus und andere Geschichten» (1955), «Ehen in Philippsburg. Roman» (1957), «Halbzeit. Roman» (1960), «Das Einhorn. Roman» (1966), «Heimatkunde. Reden und Aufsätze» (1968). *Preis der Gruppe 47* (1955), Georg-Büchner-Preis (1981).

Peter Weiss, geboren 1916 in Nowawes bei Berlin, gestorben 1982 in Stockholm; 1934 Emigration über London nach Prag, 1939 nach Schweden, ab 1945 schwedischer Staatsbürger, arbeitete zunächst als Maler, ab 1947 literarische Arbeit. Publikationen u. a.: «Der Schatten des Körpers des Kutschers» (1960), «Abschied von den Eltern» (1961), «Fluchtpunkt. Roman» (1962), «Die Verfolgung und Ermordung Jean Paul Marats …» (1964), «Die Ermittlung. Oratorium in 11 Gesängen» (1965). Georg-Büchner-Preis (1982, posthum).

ZEUGNISSE

Thomas Mann
[...] daß Sie sich von der «Gruppe 47» haben auf den Leim locken lassen, wundert mich doch. Ich kenne die Unverschämtheit der sogenannten jungen Generation [...]. Sie hängt wohl auch mit der lächerlichen Wirtschaftsblüte der amerikanischen Lieblingskolonie «Westdeutschland» zusammen, diesem frechen und unmoralischen Wohlsein nach Schandtaten, die mit der Höllenfahrt von 1945 schlossen und an die heute zu erinnern nichts weiter als bolschewistisch ist. [...] Das Benehmen der 47er bei Ihrer Vorlesung ist natürlich pöbelhaft bis zur Unglaubwürdigkeit, nur bei dieser Rasselbande möglich. Millionen des Schlages werden sich nun, mit hochstehender Währung reich versehen, reisend über die Welt ergießen und überall ihre dreiste Schnauze hören lassen.
Am 17. Mai 1954 an Klaus Mampell

Robert Neumann
Daß Grass heute der Chef ist und die um ihre frühere Potenz kastrierte Gruppe zu seinem ihm persönlich tributpflichtigen Fähnlein oder Gang deklassiert hat, steht für jeden nüchternen Beobachter außer Frage. Dabei möchte ich diesen Grass nicht unterschätzen. [...] Hans Werner Richter ist ein anderer Fall, bei dem reicht es zu keinem kraftgenialischen Furz – aber ihn selbst schon als ein Fürzchen zu bezeichnen, wäre lieblos. Er hat Verdienste, aus der wildromantischen Gründerzeit des Vereins – da war der noch ein Klüngel von Gleichberechtigten. Für einen, der zugleich Sekretär war und Konkurrent, hatten sie keine Verwendung – also zwirbelten sie den bedarften, freundlichen Mann zu einer Vatergestalt empor, natürlich nicht, ohne ihn zugleich nach guter patagonischer und psychoanalytischer Tradition zu kastrieren; Consensus des Klüngels: ein Vater, doch schreiben kann er nicht.
Mai 1966

Walter Widmer
Warum nicht rundheraus sagen, daß die Gruppe 47 sich selbst verraten hat, als sie Literaturbörse wurde? Als sie Verleger, Lektoren und gruppeneigene Kritiker zuließ, als die Lesungen zur jährlichen Schau wurden, als Preise vergeben, Außenseiter in der Luft zerrissen, Gruppen-Habitués geschont? Warum gehen so unkonziliante Siebenundvierziger, warum gehen die nicht mehr hin, warum ist es vielen anderen nicht mehr wohl dabei? Weil die Literaturpolitik des Führungsstabes sie abstößt. Es bleibt mir unvergesslich, wie ein Starkritiker, der einen jungen Autor auf einer Gruppentagung fertiggemacht hatte, mir auf meine Vorhaltungen hin zynisch antwortete: «Ja, hätte ich gewusst, daß er mit Ihnen befreundet ist, so hätte ich es nicht getan.»
Das nenne ich objektive Kritik! Fest steht, daß die Gruppe 47 heute exakt das ist, was man ihr vor fünf Jahren noch zu Unrecht vorgeworfen hat: eine Phalanx verbündeter Interessenvertreter, die Literaturbörsianer spielen und das Maß dessen bestimmen, was literarische Geltung haben soll.
1966

Hans Erich Nossak
Sie hat die zähe nichtintellektuelle Masse mit deren eigenen Methoden moderner Werbetechnik und Bedarfsweckung überspielt und ihr literarische Gebilde als notwendige Konsumartikel aufgeschwatzt. Es gehört seitdem zum Sozialprestige, sich mit experimentellen «Texten» und gegenstandsloser Kunst zu befassen, so langweilig das auch sein mag. Ich bewundere das in der Tat, denn ich hätte nie geglaubt, daß Intellektuelle

das fertigbringen könnten; mir selber wäre nämlich vor der Zeit von dem schwindelhaften Bluff übel geworden.
Mit Literatur als solcher hat das nicht das geringste zu tun, es könnte sich genau so gut um eine Zahnpaste handeln, aber unseligerweise wurde ein so empfindliches Phänomen wie Literatur für praktische Zwecke durch die Reklamemühle gedreht. Irgendwann zu Beginn der fünfziger Jahre ist die Gruppe 47 dem Rausch des Erfolges ihrer taktischen Methoden erlegen. Statt den Apparat mit souveräner Ironie gegen das Apparaturdenken von Presse, Rundfunk, Verlegern und Publikum zu verwenden, war sie gezwungen, sich nach den Gesetzen des Apparates zu richten, und wurde dessen Sklave.
Juni 1966

Joachim Kaiser
Die ‹Gruppe 47› war tatsächlich da für die junge deutsche, durch den Krieg beschädigte Intelligenz. Die Literaten und Romançiers und Lyriker der Zwanziger Jahre wurden nicht eingeladen; Ernst Jünger oder Manfred Hausmann, die lebten ja damals weiß Gott auch; man hat auch Frisch nicht eingeladen, oder Dürrenmatt, weil man sich eben sagte, das sind nicht die beschädigten deutschen Leute. Aber der Vorwurf, Juden seien ausgeschlossen gewesen, ist geradezu lächerlich. Erich Fried ist ein Jude, Ilse Aichinger Halbjüdin, Wolfgang Hildesheimer war da – also es ist wirklich nicht gerecht zu sagen, da herrscht Antisemitismus.
1980

Milo Dor
Die Gruppe 47 war eine wichtige kulturpolitische Gruppierung von Schriftstellern und Intellektuellen in der Zeit der «Restauration», in der die nazistisch angehauchten Literaten und Kritiker noch immer den Ton angegeben haben. So war es natürlich, dass die jüngeren antifaschistischen Autoren und Intellektuellen zueinander gefunden haben, um gemeinsam eine offene demokratische antifaschistische und antistalinistische Atmosphäre zu schaffen. In dem Augenblick, in dem sich die Gruppe vorwiegend mit formalistischen Problemen zu beschäftigen begann, ist sie zerfallen.
1995

Karlheinz Deschner
Es ging auf diesen Jahrestagungen der Literaten, wie man schon in den frühen 60er Jahren feststellen konnte, zu wie auf den Hauptversammlungen einer Aktiengesellschaft mit Feststellungen der Dividende, der Börsenkurse, mit Geschäften zwischen Verkäufern und Käufern, Manipulanten und Manipulierten, und um das Geschäft dem Kurs entsprechend anzukurbeln, mußte natürlich vieles, was mittelmäßig war, zum Genialen aufgeplustert werden, was nicht schwerfiel.
1980

Klaus Wagenbach
Zu einem gewissen Zeitpunkt, etwa ab 1962/63, war das Verhalten der Gruppe eine Versammlung von Klassikern, auch mit dem entsprechenden pompösen Gehabe, sie bekam so etwas Honoratiorenmäßiges; das spielt sicher eine Rolle. Wenn so ein Punkt eintritt, muß irgendwie ein Aufstand stattfinden. Die Sache muß sich von innen heraus erneuern oder sich spalten oder eben einfach zu Ende. Dieser Punkt war sicher erreicht.
1980

Helmut Heißenbüttel
Was der Gruppe 47 zur Wirksamkeit und zum Ruhm verholfen hat, war die Tatsache, daß der Vermittler Richter immer im Gleichgewicht blieb zu

dem, was er vermittelte. Es konnte sich so, von den Personen wie von der Sache, von den Tagungsteilnehmern her wie von der Art der Literatur, die auf den Tagungen diskutiert wurde, etwas entwickeln, das tatsächlich eine Basis darzustellen vermochte für so etwas wie Übereinkunft, ja das zeitweise, so oder so, Spiegelfunktion hatte für das, was historisch objektivierbar für diesen Zeitraum zwischen 1947 und 1967 bestimmend war. Das Geheimnis, wenn man von einem Geheimnis sprechen kann, bestand darin, daß die Affinität der Teilnehmer, Autoren, Kritiker, publizistischer wie verlegerischer Vermittler, untereinander genau denselben Grad hatte wie die Affinität zu dem, der dies alles organisierte. Daß auch die Kontroversen, Animositäten, persönlichen Relationen aufgehoben werden konnten in dieser Affinität von allen zu allen, die mit diesen Tagungen zu tun hatten. Das haben immer wieder auch die bestätigt, die die Gruppe 47 nicht mochten oder nur flüchtig mit ihr in Berührung kamen.
1971

Reinhard Lettau
Das war für jemanden, der anfing zu schreiben und anfing zu publizieren, ganz schlicht und einfach paradiesisch, weil man zum ersten Mal mit anderen zusammenkam, die auch schrieben. Ich habe zum ersten Mal scharfe Kritik gehört, die mir enorm geholfen hat, eine Kritik, die vor allem handwerklich vorging, nur handwerklich und nicht ideologisch oder irgendwie akademisch, sondern handwerklich, wie wird es gemacht; das war die einzige Kritik, die mich im Grunde interessierte.
1980

Peter O. Chotjewitz
Es gibt ja fast so etwas wie einen «Gruppe 47»-Typ, so ein gruppenspezifisches Verhalten. Das, würde ich sagen, ist auf jeden Fall mediengewandt, das ist auf jeden Fall mal sehr eitel, und zwar a) was die eigene Qualität betrifft, die immer überschätzt wird, würde ich sagen, und b) auch, was das Auftreten in der Öffentlichkeit betrifft. Es ist so ein Verhalten, was sich darin ausdrückt, daß man meint, die Wahrheit doch mehr oder weniger, wenn nicht gepachtet, so doch gekauft zu haben. [...]
Diese Gruppe hat den Literaturbetrieb eigentlich zusätzlich vergiftet. In dem Begriff «Betrieb» steckt ja so etwas wie Vergiftung im Grunde genommen schon drin; aber sie stellte einen zusätzlichen Vergiftungsfaktor eigentlich dar innerhalb der westdeutschen Literatur. Ich würde direkt sagen: Man atmet freier, seit es sie nicht mehr gibt.
1980

Günter Herburger
Sie war zuletzt zu einer Literaturbörse geworden, auf der sich auch Kritiker überaus eitel selbst darstellten, damit sie im Feuilletonbetrieb Marktwert erhielten.
1995

Ulrich Peltzer
Wenn Konkurrenten sich zusammenschließen, entsteht ein Kartell, ob es sich um Publizisten oder Fliesenfabrikanten handelt. Folge davon ist meist ein Geschmacks- und Marktdiktat, das ästhetische Mediokrität provoziert, einen gemeinsamen Nenner, dem sich in der Regel unterzuordnen hat, wer mitmischen will. – Der nostalgische Glanz, der die Gruppe 47 umstrahlt, hängt sicher zusammen mit dem Verlust an literarischem Einfluß, auf kulturellem Gebiet verbunden mit ökonomischer Macht, den ihre Protagonisten seit '68 erfahren haben. Lese ich heute deutschsprachige Texte aus den fünfziger und frühen sechziger Jah-

ren (Schmidt und Jahnn und ähnliche Kaliber mal nicht eingeschlossen), mit denen man uns in der Schule quälte, sozusagen unsere sozialdemokratische Sozialisation auf die Probe stellt, bin ich immer wieder erstaunt über den biederen Ton, die stilistische Sorglosigkeit und formale Einfalt, von denen sie durchdrungen sind. Ausnahmen zieren den Konsens.
1995

Marcel Beyer
Historisch gesehen verstehe ich aber, daß eine solche lockere Verbindung von Schriftstellern, Literaten, Kritikern und Verlagsmitarbeitern zu ihrer Zeit durchaus einen Sinn machte. Nach zwölf Jahren, in denen die (Kunst-, Kultur-, Literatur-)Kritik ganz programmatisch durch die (Kunst-, Kultur-, Literatur-)Betrachtung ersetzt worden war, konnte die offene und öffentliche Kritik als Gegengewicht ja nur positiv wirken.

Etwa von daher verstehe ich auch z. B. Marcel Reich-Ranickis Plädoyer für die Artikulation eines dezidierten Urteils über Texte.
1995

Nachweise:
Lettau, Chotjewitz, Deschner und Wagenbach in: «die horen», 1980, H. 4
Heißenbüttel in: «Literaturbetrieb in Deutschland», hg. von Heinz Ludwig Arnold, München 1971
Widmer, Neumann, Mann und Nossack in: «Gruppe 47. Die Polemik um die deutsche Gegenwartsliteratur. Eine Dokumentation», hg. von Horst Ziermann, Frankfurt a. M. 1966
Beyer, Dor, Herburger, Peltzer und Kaiser in: «Brauchen wir eine neue Gruppe 47? 55 Fragebögen zur deutschen Literatur. Eingesammelt von Joachim Leser und Georg Guntermann», Bonn 1995

Bibliographie

Die ausführlichste Bibliographie zur Gruppe 47 steht in Heinz Ludwig Arnold (Hg.): Die Gruppe 47. Ein kritischer Grundriß. TEXT + KRITIK Sonderband. 3., gründlich überarbeitete Aufl. München 2004, S. 325–344.

Andersch, Alfred: Deutsche Literatur in der Entscheidung. Ein Beitrag zur Analyse der literarischen Situation. Karlsruhe 1948

Meyer-Brockmann, Henry: Dichter und Richter. Die Gruppe 47 und ihre Gäste. München 1962

Richter, Hans Werner (Hg.): Almanach der Gruppe 47. 1947–1962. In Zusammenarbeit mit Walter Mannzen. Reinbek 1962

Schwab-Felisch, Hans (Hg.): Der Ruf. Eine deutsche Nachkriegszeitschrift. München 1962

Cwojdrak, Günther: Gruppe 47 anno 62. In: Neue Deutsche Literatur. H. 5/1963, S. 101–111

Sprache im technischen Zeitalter. Sonderheft. Nr. 20/1966: Kunst und Elend der Schmährede. Zum Streit um die Gruppe 47

Widmer, Urs: 1945 oder die ‹Neue Sprache›. Studien zur Prosa der «Jungen Generation». Düsseldorf 1966

Ziermann, Horst (Hg.): Gruppe 47. Die Polemik um die deutsche Gegenwartsliteratur. Eine Dokumentation. Frankfurt a. M. 1966

Dollinger, Hans (Hg.): außerdem. Deutsche Literatur minus Gruppe 47 = wieviel? Mit einem Grußwort von Hans Werner Richter. München 1967

Helbig, Gerd-Rüdiger: Die politischen Äußerungen aus der Gruppe 47. Eine Fallstudie über das Verhältnis von politischer Macht und intellektueller Kritik. Phil. Dissertation Erlangen/Nürnberg 1967

Lettau, Reinhard (Hg.): Die Gruppe 47. Bericht, Kritik, Polemik. Ein Handbuch. Neuwied 1967

Meyer-Brockmann, Henry: Brockmanns gesammelte Siebenundvierziger. 100 Karikaturen literarischer Zeitgenossen. München 1967

Kurz, Paul Konrad: Die Gruppe 47. Kritik und Bericht. In: Ders.: Über moderne Literatur 2. Frankfurt a. M. 1969. S. 275–298

Heißenbüttel, Helmut: Nachruf auf die Gruppe 47. In: Arnold, Heinz Ludwig: Literaturbetrieb in Deutschland. München 1971, S. 33–39

Lehnert, Herbert: Die Gruppe 47. Ihre Anfänge und ihre Gründungsmitglieder. In: Durzak, Manfred (Hg.): Die deutsche Literatur der Gegenwart. Stuttgart 1971, S. 31–62

Wehdeking, Volker Christian: Der Nullpunkt. Über die Konstituierung der deutschen Nachkriegsliteratur (1945–1948) in den amerikanischen Kriegsgefangenenlagern. Stuttgart 1971

Hurwitz, Harold: Die Stunde Null der deutschen Presse. Die amerikanische Pressepolitik in Deutschland 1945–1949. Köln 1972

Rühmkorf, Peter: Die Jahre die Ihr kennt. Anfälle und Erinnerungen. Reinbek 1972

Mandel, Siegfried: Group 47. The Reflected Intellect. With a Preface by Harry T. Moore. London, Amsterdam 1973

Richter, Hans Werner: Was war die Gruppe 47? Unveröffentlichtes Rundfunkmanuskript. NDR III. 1. 10.–22. 10. 1974. In überarb. und erw. Fass. u.d.T. «Wie entstand und was war die Gruppe 47» in: Neunzig, Hans A. (Hg.): Hans Werner Richter und die Gruppe 47. München 1979, S. 41–176

Gehring, Hansjörg: Amerikanische Literaturpolitik in Deutschland 1945–1953. Ein Aspekt des Re-education-Programms. Stuttgart 1976

Neunzig, Hans A. (Hg.): Der Ruf. Unabhängige Blätter der jungen Generation. Eine Auswahl. München 1976

Born, Nicolas/Manthey, Jürgen (Hg.): Literaturmagazin 7. Nachkriegsliteratur. Reinbek 1977

Kröll, Friedhelm: Die Gruppe 47. Soziale Lage und gesellschaftliches Bewußtsein literarischer Intelligenz in der Bundesrepublik. Stuttgart 1977

Vaillant, Jérôme: Der Ruf. Unabhängige Blätter der jungen Generation. (1945–1949). Eine Zeitschrift zwischen Illusion und Anpassung. Mit einem Vorwort von Harald Hurwitz. München, New York, Paris 1978

Kröll, Friedhelm: Gruppe 47. Stuttgart 1979

Neunzig, Hans A. (Hg.): Hans Werner Richter und die Gruppe 47. München 1979

Arnold, Heinz Ludwig (Hg.): Die Gruppe 47. Ein kritischer Grundriß. TEXT + KRITIK Sonderband. München 1980. 3., gründlich überarb. (und erw.) Aufl. 2004

Pohl, Eckhart: Die Gruppe 47 und der Literaturbetrieb. In: Arnold, Heinz Ludwig: Literaturbetrieb in der Bundesrepublik Deutschland, München 1981, S. 28–42

Benzinger, Fredrik: Die Tagung der «Gruppe 47» in Schweden 1964 und ihre Folgen. Ein Kapitel deutsch-schwedischer Kultur- und Literaturbeziehungen. Germanistisches Institut der Universität Stockholm 1983

Neunzig, Hans A.: Lesebuch der Gruppe 47. Anthologie. München 1983

Peitsch, Helmut/Reith, Hartmut: Keine «innere Emigration» in die «Gefilde» der Literatur. Die literarisch-politische Publizistik der Gruppe 47 zwischen 1947 und 1949. In: Hermand, Jost (Hg.): Nachkriegsliteratur. Bd. 2. Berlin 1983, S. 129–162

Embacher, Erich: Hans Werner Richter. Zum literarischen Werk und zum politisch-publizistischen Wirken eines engagierten deutschen Schriftstellers. Frankfurt a. M. 1985

Richter, Hans Werner: Im Etablissement der Schmetterlinge. 21 Portraits aus der Gruppe 47. München 1986

Antiquariat Blank: Gruppe 47. Erstausgaben, Sammelbände, Zeitschriften. Für Hans Werner Richter zum 80. Geburtstag. Stuttgart 1988

Grunau, Skott (Hg.): Die Gruppe 47. Nachkriegsliteratur zwischen Poesie und Politik. Ausstellungskatalog. Nürnberger Lehrerzeitschrift. NLZ. Sonderheft 1/1988. 2., erw. Aufl. 1992

Postma, Heiko: Papiertiger oder Chimäre. Clique, Klüngel, Mafia? Die «Gruppe 47»: Ein (vorläufig) letztes «Gruppenbild» – nach vierzig Jahren. In: die horen. H. 149/1988, S. 29–64

Schutte, Jürgen: Dichter und Richter. Die Gruppe 47 und die deutsche Nachkriegsliteratur. Ausstellungskatalog, Akademie der Künste Berlin. Berlin 1988

Sprache im technischen Zeitalter. H. 106/1988: Neue Ansichten der Gruppe 47. Texte, Dokumente, Interviews, Fotos

Grambow, Jürgen: Treffen auf Schloß Dobis. In: Sinn und Form. H. 1/1989, S. 162–176

Sprache im technischen Zeitalter. H. 112/1989: Gruppe 47

Sprache im technischen Zeitalter. H. 115/1989: Gruppe 47 in Prag – Mai 1990. Texte – Berichte – Bilder

Fetscher, Justus, u. a. (Hg.): Die Gruppe 47 in der Geschichte der Bundesrepublik. Beiträge eines Symposions vom 25.–27. November 1988 in Berlin. Würzburg 1991

Kinder, Hermann: Der Mythos von der Gruppe 47. Eggingen 1991

Richter, Hans Werner (Hg.): Der Skorpion. Reprint. Mit einer Dokumentation zur Geschichte des «Skorpion» und einem Nachwort zur Geschichte der Gruppe 47 von Heinz Ludwig Arnold. Göttingen 1991

Huder, Walter: Die Gruppe 47: Literaten, Snobs oder Revolutionäre? In: Ders: Von Rilke bis Cocteau. Berlin 1992, S. 335–353

Wellershoff, Dieter: Ein sozialer Raum ohne Entfremdung. Rückblick auf die Gruppe 47. In: Ders.: Das geordnete Chaos. Köln 1992, S. 212–226

Laufhütte, Hartmut: Die Gruppe 47 – Erinnerung an Jüngstvergangenes im Spiegel der Historie. Günter Grass «Das Treffen in Telgte». In: Ders. (Hg.): Literaturgeschichte als Profession. Tübingen 1993, S. 359–384

Honsza, Norbert: Gruppe 47. In: Ders.: Literatur als Provokation. Wrocław 1994, S. 65–92

Nickel, Artur: Hans Werner Richter – Ziehvater der Gruppe 47. Eine Analyse im Spiegel ausgewählter Zeitungs- und Zeitschriftenartikel. Stuttgart 1994

Welle, Anja: Die Gruppe 47 und das «Kritische Prinzip». In: Wertheimer, Jürgen (Hg.): Poesie und Politik. Tübingen 1994, S. 194–218

Falcke, Eberhard: Die Gruppe 47: eine Agentur der literarischen Modernen. In: Grimminger, Rolf (Hg.): Literarische Moderne. Europäische Literatur im 19. und 20. Jahrhundert. Reinbek 1995. S. 556–580

Leser, Joachim / Guntermann, Georg (Hg.): Brauchen wir eine neue Gruppe 47? 55 Fragebögen zur deutschen Literatur. Bonn 1995

Cofalla, Sabine: Der «soziale Sinn» Hans Werner Richters. Zur Korrespondenz des Leiters der Gruppe 47. Berlin 1997

Gendolla, Peter: Die Gruppe 47 und die Medien. Siegen 1997

König, Barbara: Hans Werner Richter. Notizen einer Freundschaft. München 1997

Kröll, Friedhelm: Zeropolis. Zur Frühgeschichte der Gruppe 47. In: Das Plateau. H. 44 / 1997, S. 40–47

Richter, Hans Werner: Briefe. Hg. von Sabine Cofalla. München 1997

Richter, Toni (Hg.): Die Gruppe 47 in Bildern und Texten. Köln 1997. [Enthält eigens für das Album verfasste Rückblicke von damals lesenden Autoren]

Braese, Stephan (Hg.): Bestandsaufnahme – Studien zur Gruppe 47. Berlin 1999

Kaiser, Joachim: Die Gruppe 47 als munteres Nachkriegswunder. Was die Literatur Hans Werner Richter verdankt. In: Ders.: Von Wagner bis Walser. Zürich 1999, S. 87–97

Parkes, K. Stuart / White, John J. (Hg.): The Gruppe 47. Fifty years on. A re-appraisal of its literary and political significance. Amsterdam 1999

Gilcher-Holtey, Ingrid: «Askese schreiben: schreib Askese». Zur Rolle der Gruppe 47 in der politischen Kultur der Nachkriegszeit. In: Internationales Archiv für Sozialgeschichte der deutschen Literatur. H. 2 / 2000, S. 134–167

Arnold, Heinz Ludwig: Die Gruppe 47. Zwei Jahrzehnte deutscher Literatur. Hörbuch, 2 CDs und MC, München 2002

Vogel, Marianne: Platz, Position, Profilierung. Geschlechteraspekte des deutschen Literaturbetriebs 1945–1950 unter anderem am Beispiel der Gruppe 47. In: Caemmerer, Christiane u. a. (Hg.): Erfahrung nach dem Krieg. Autorinnen im Literaturbetrieb 1945–1950. Frankfurt a. M. 2002, S. 225–242

Briegleb, Klaus: Mißachtung und Tabu. Eine Streitschrift zur Frage: «Wie antisemitisch war die Gruppe 47?» Berlin 2003

Namenregister

Die kursiv gesetzten Zahlen bezeichnen die Abbildungen.

Adenauer, Konrad 109
Aichinger, Ilse 37, 62, 64, 66, 72 f., 83, 87, 100, 102, 105, 107, 112, 120, 145, 150, *65*, *74*; Anm. 64, 113
Amery, Carl (eigtl. Christian Anton Mayer) 8, 88, 90 f., 95, 115 f., 121, 145; Anm. 207
Andersch, Alfred (Pseud. Gerd Klaass) 11 f., 16–21, 23–29, 30 f., 34, 45, 47–58, 60 f., 63, 66, 78 ff., 96 f., 112, 120, 145, *25*, *48*; Anm. 13, 33, 35, 90, 97
Andersch, Angelika (1. Ehefrau) 11
Andersch, Gisela (2. Ehefrau) Anm. 57
Andersch, Hedwig (Mutter) 18
Andersch, Martin (Sohn) 49
Andres, Stefan 49
Arens, Hanns 44, 46 f.; Anm. 78
Arens, Odette 44, 46
Augstein, Rudolf 109
Augustin, Ernst 8, 103

Bachér, Ingrid 8
Bächler, Wolfgang 33 ff., 47, 105
Bachmann, Ingeborg 7 ff., 37, 62, 64, 72 ff., 78 f., 83, 88 ff., 92 f., 112, 120 f., *76*, *91*; Anm. 64, 132
Baumgart, Reinhard 8, *122*
Bayer, Konrad 103, 113
Becher, Ulrich 103
Bechtle, Richard Anm. 79
Becker, Jürgen 8, 62, 64, 103, 105, 145
Bender, Hans 82, 103
Bergengruen, Werner 9
Beyer, Marcel 152
Bichsel, Peter 8 f., 62, 64, 86, 103, 145
Bieler, Manfred 112
Bienek, Horst 103
Biller, Maxim 10 f.
Bobrowski, Johannes 8 f., 62, 64, 105, 112, 119, 145
Böll, Heinrich 9, 62, 64, 75, 79, 83, 87, 96 ff., 112, 120 f., 145, *74*, *94*; Anm. 55
Borchers, Elisabeth 103
Borchert, Wolfgang 51
Born, Nicolas 86, 103, 118
Brandner, Uwe 103
Brandt, Willy 108
Braun, Volker 112
Brecht, Bertolt 50; Anm. 101
Bredel, Willi 50
Brenner, Hans Georg 42
Brinkmann, Rolf Dieter 102, 118
Britting, Georg 9
Broch, Hermann 49
Buch, Hans Christoph 86, 103, 118

Carossa, Hans 49
Celan, Paul 8 f., 13, 62, 73–77, 145 f., *76*
Chotjewitz, Peter Otto 86, 103, 151, *104*
Churchill, Winston 26
Cramer, Heinz von 95, 125
Cube, Walter von 28

Degenfeld, Ottonie Gräfin 32
Delius, Friedrich Christian 8, 86, 103, 118
Deschner, Karlheinz 66, 68, 150
Diederichs, Eugen 17
Dirks, Walter 31
Döblin, Alfred 49
Dor, Milo 74 f., 105, 150, *76*
Dorst, Tankred 103
Dufhues, Josef Hermann 114
Dürrenmatt, Friedrich 59, 150

Eich, Günter 8 f., 11, 32, 36, 41, 51, 57 f., 60, 62, 64 f., 73 f., 79, 83 f., 100, 102, 105, 107, 112, 120, 146, *74*; Anm. 101
Elsner, Gisela 103, 105
Enzensberger, Hans Magnus 8 f., 62 f., 71, 79, 83, 88, 90, 95, 101, 105 f., 118, 120 f., 146, *98*

Faecke, Peter 103
Federmann, Reinhard 76
Ferber, Christian 81
Fichte, Hubert 62, 103, 118, *104*
Freiligrath, Ferdinand 90

Fried, Erich 103, 117f., 120f., 128, 146, 150, *117*, *122*
Friedrich, Heinz 32–35, 64, *40*; Anm. 63
Friedrich, Maria (auch Maria Eibach) 34, 39, *40*; Anm. 63
Frisch, Max 59, 150
Frischmuth, Barbara 103
Fuchs, Gerd 103
Fühmann, Franz 103

Gaulle, Charles de 20
Geisenheyner, Ernst Wilhelm 46
Goebbels, Joseph 11, 76; Anm. 78
Graf, Oskar Maria 50
Grass, Günter 7ff., 43, 61f., 64, 71, 79, 83–86, 95f., 101, 105, 108, 121–126, 131, 146, 149, *63*; Anm. 146, 225
Grass, Anna (1. Ehefrau) 7
Grass, Waltraut (Schwester) 7
Grimm, Hans 49
Groll, Gunter 12
Guggenheimer, Walter Maria 20, 26f., 33f., 81
Gustafsson, Lars 112

Habe, Hans 114, 127
Hagelstange, Rudolf 84
Handke, Peter 8, 103, 118, 123–126, 128, 146, *125*
Harig, Ludwig 103
Härtling, Peter 8, 103
Hartung, Karl 7
Haufs, Rolf 103, 105
Hauptmann, Gerhart 49
Hausmann, Manfred 150
Heckmann, Herbert 103
Heidegger, Martin Anm. 83
Heißenbüttel, Helmut 8, 15, 62ff., 72, 79, 84–87, 98, 105, 118, 120, 146, 150, *85*
Heist, Walter 20, 33; Anm. 76
Hemingway, Ernest 38; Anm. 83
Herburger, Günter 103, 118, 151, *104*
Hermlin, Stephan 103, 126
Hesse, Hermann 49
Hey, Richard 105
Hildesheimer, Wolfgang 37, 62, 83, 100, 102, 105, 112, 120, 129, 146f., 150, *3*; Anm. 141
Hilsbecher, Walter 43, 47, 76

Hinkel, Hans 47; Anm. 78
Hitler, Adolf 10, 18, 51
Hocke, Gustav René 17, 20, 27
Hölderlin, Friedrich 11, 41
Hollander, Jürgen von *122*
Höllerer, Walter 8, 43, 70, 79, 82f., 86, 88, 90, 95, 112, 117f., 126, 147, *70*
Holtmann 34
Hornung, Peter 85
Huchel, Peter 112

Jaeggi, Urs 105
Jahnn, Hans Henny 152
Jandl, Ernst 8
Janker, Josef W. 103
Janzon, Åke 113
Jelinek, Elfriede 10
Jens, Inge 65
Jens, Walter 8, 43, 64, 70, 76, 79, 95, 112, 117, 121, 147, *65*, *101*
Jentzsch, Bernd 103
Johnson, Lyndon B. 120
Johnson, Uwe 9, 62, 83, 99, 105, 112, 121, 147, *99*, *122*
Jünger, Ernst 49, 52, 150
Jünger, Friedrich Georg 9

Kafka, Franz 62, 72, 80
Kaiser, Joachim 7f., 69f., 79, 81, 83, 88, 92, 95, 101f., 105, 108, 112, 117, 147, 150, *69*, *122*
Karasek, Hellmuth 8, 103
Karsunke, Yaak 103, 129
Kasack, Hermann 9
Kaschnitz, Marie-Luise 9
Kästner, Erich 19, 21, 23, 84
Kesten, Hermann 12f., 81, *13*; Anm. 141, 151, 153
Killy, Walther Anm. 5
Kinder, Hermann 9f.
Kluge, Alexander 62, 103, 105, *3*
Koeppen, Wolfgang 9
Kogon, Eugen 31
Kolb, Annette Anm. 153
Kolbenheyer, Erwin Guido 49
Kolbenhoff, Isolde 34
Kolbenhoff, Walter 16, 20f., 23, 32–35, 47, 51, 60, 79, 98f., 120, 147, *48*
König, Barbara 16, 64, 147; Anm. 120
Korlén, Gustav 111

Krämer-Badoni, Rudolf 60, 64
Kremer, Johann P. 51
Kreuder, Ernst 51
Krolow, Karl 72, 126
Krüger, Hans Jürgen 83
Krüger, Michael 103
Kuby, Erich (Pseud. A. Parlach) 19, 23, 25, 27 f., 31
Kunert, Günter 8, 103, 112

Lange, Horst 49
Lange, Victor 120
Langgässer, Elisabeth 126
Laschen, Gregor 103
Lawrence, David Herbert 88, 91
Ledig-Rowohlt, Heinrich Maria 80
Lehmann, Wilhelm 9
Lenz, Siegfried 8, 63, 72, 79, 83, 87, 100, 112, 147 f.
Leonhardt, Rudolf Walter 67, 99
Lestrange-Celan, Gisèle 77
Lettau, Reinhard 103, 105, 120 f., 126, 129, 151
Lietzmann, Sabina 126
Lind, Jakov 103, 105
Loerke, Oskar 126

Maier, Wolfgang 103
Mann, Heinrich 49
Mann, Thomas 49, 52, 149; Anm. 153
Mannzen, Walter 20, 95
Mayer, Hans 8, 70, 94 f., 100 f., 112, 117, 125, *71*
Mehring, Walter 12, 81, *13*
Meinhof, Ulrike 127 f.
Mickel, Karl 103
Miehe, Ulf 103
Minssen, Barbara 65
Minssen, Friedrich 20, 33 f., 47
Mönnich, Horst 83
Morriën, Adriaan 62, 64, 99
Müller, Bastian 33, 83

Nagel, Ivan *122*
Neumann, Alfred Anm. 153
Neumann, Robert 13, 68, 114, 127, 149
Nizon, Paul 103, 105
Nossack, Hans Erich 9, 68, 114, 127, 149
Novak, Helga M. 103

Ohnesorg, Benno 109
Ortega y Gasset, José 42
Ortheil, Hanns-Josef 10

Palmstierna-Weiss, Gunilla (Ehefrau von Peter Weiss) *122*
Peltzer, Ulrich 151
Penzoldt, Ernst Anm. 153
Piper, Klaus 69
Piwitt, Hermann Peter 103, 118
Plessen, Elisabeth 103
Plievier, Theodor 50 f.
Pra(e)ger, Frederik A. 44; Anm. 73
Pribil, Hans 44
Proust, Marcel 80

Raddatz, Fritz J. 8, 51, 58, 67, 85, 97, 99, 148, *98*, *122*
Raschke, Martin 49
Rasp, Renate 103, *104*
Regnier, Henri 65
Reich, Wilhelm 20
Reich-Ranicki, Marcel 8, 63, 70, 95, 100 ff., 105 ff., 111, 117, 131, 148, 152, *101*; Anm. 141
Reisner, Stefan 105
Richter, Anna (Mutter) 18
Richter, Ernst (Bruder) 18
Richter, Hans Werner 7, 11–14, 16 ff., 20 f., 23–35, 37, 39, 41–48, 51–60, 64–70, 73–88, 90 f., 95–102, 105–112, 115–121, 123 f., 126, 128–131, 145, 148 ff., *3*, *6*, *19*, *38*, *113*, *129*; Anm. 13, 33, 35, 52, 54, 74, 76, 78, 151, 190
Richter, Max (Bruder) 18
Richter, Richard (Vater) 18
Richter, Toni 34, 77, *38*
Rilke, Rainer Maria Anm. 101
Roggenbuck, Rolf 103
Röhl, Klaus Rainer 127
Rühmkorf, Peter 8 f., 103, 121, 129, *104*, *122*

Sachs, Nelly 79
Sahl, Hans 81
Sartre, Jean-Paul 50; Anm. 83
Schmidt, Arno 9, 59, 80, 152
Schnabel, Ernst 65
Schneider, Franz Joseph 59 f., 83 f., 105

Schneider, Reinhold 9
Schneider, Rolf 103
Schneider-Lengyel, Ilse 32–35, 37, *34*; Anm. 59
Schnurre, Wolfdietrich 12, 32–36, 38, 47, 51, 66, 87f., 91, 112, 121, 148, *34*; Anm. 54, 55
Scholl, Hans 46, 48
Scholl, Inge 46; Anm. 78
Scholl, Robert 48
Scholl, Sophie 46, 48
Schröder, Rudolf Alexander 9, 32, 49
Schwab-Felisch, Hans *98*
Seghers, Anna 49f.
Seidel, Ina 9
Seuren, Günter 103, 118
Sieburg, Friedrich 78f., 127
Sombart, Nicolaus 19, 33ff., *65*
Sontag, Susan 123
Spangenberg, Berthold 24, 27, 29
Springer, Axel 109
Stadelmeyer, Peter 120
Stahlberg, Inge 32f.
Stein, Gertrude 38, 58
Steiner, Jörg 103
Stephan, Klaus W. 87
Stiller, Klaus 103
Stone, Michael 105
Szondi, Peter *122*

Thelen, Albert Vigoleis 81; Anm. 151
Tsakiridis, Vagelis 103
Tumler, Franz 84, 105

Ulrich, Heinz 33ff., 47, 51, 83
Unamuno y Jugo, Miguel de 42
Unseld, Siegfried *94*, *122*

Vegesack, Thomas von 111
Vesper, Guntram 103
Vinz, Curt 17, 19, 23–28, 30f.; Anm. 33

Wagenbach, Klaus 150
Walser, Martin 8f., 61f., 64, 71f., 79f., 83, 88, 90, 95f., 99, 105, 108, 112, 114f., 120f., 148, *80*
Weisenborn, Günther 81
Weiß, Gerhard Anm. 33
Weiss, Peter 62, 83, 103, 105, 108, 119–124, 148, *119*, *122*; Anm. 141, 225
Wellershoff, Dieter 8, 103, 118
Werfel, Franz 49
Weyrauch, Wolfgang 11, 51, 84, 112
Widmer, Walter 149
Wiegenstein, Roland H. *91*
Wischnewski, Franz 20, 33f., 44
Wohmann, Gabriele 8, 103, *85*
Wolf, Ror 103, 105
Wolken, Karl Alfred 105
Wühlisch, Freia von 34, 46
Wys-Sonnenberg, Dieter 47

Zweig, Arnold 49
Zweig, Stefan 47; Anm. 78

Über den Autor

Heinz Ludwig Arnold, geboren 1940 in Essen, ist freiberuflicher Publizist in Göttingen und Honorarprofessor der Georg-August-Universität Göttingen. Mitglied des P.E.N.-Zentrums der Bundesrepublik Deutschland und der Deutschen Akademie für Sprache und Dichtung in Darmstadt. Herausgeber der Zeitschrift «TEXT + KRITIK» (seit 1963), des «Kritischen Lexikons zur deutschsprachigen Gegenwartsliteratur» (KLG, seit 1978) sowie des «Kritischen Lexikons zur fremdsprachigen Gegenwartsliteratur» (KLfG, seit 1983) und der in Vorbereitung befindlichen 3. Auflage von «Kindlers Literaturlexikon». Zahlreiche weitere Veröffentlichungen, unter anderem die elfbändige Anthologie «Die deutsche Literatur seit 1945» (1995 ff.). Zuletzt erschien: «Da schwimmen manchmal ein paar gute Sätze vorbei» (Hg., 2001), «Die Gruppe 47. Zwei Jahrzehnte deutscher Literatur» (Hörbuch, CD und MC, 2002), «Was bin ich? Über Max Frisch» (2002), «Arbeiterlyrik 1842–1932» (Hg., 2003).

Quellennachweis der Abbildungen

Stiftung Archiv der Akademie der Künste, Berlin, Hans-Werner-Richter-Archiv: Umschlagvorderseite, 3, 13 unten, 34, 40, 63, 65, 69, 70, 71, 85, 91, 94, 98, 99, 101, 104 (4), 113, 117, 119, 125, 129, Umschlagrückseite unten (Fotos Toni Richter; © RA Prof. Dr. Reinhold Kreile, Nachlass Antonie Richter, München); 6, 19, 56 (Foto Heinz Naumann)
ullstein bild, Berlin: 13 oben
Aus: Bernhard Jendricke: Alfred Andersch. Reinbek bei Hamburg 1988: 22, 25
Foto: Pit Ludwig: 38
Sammlung Heinz Ludwig Arnold: 44
Schiller Nationalmuseum, Deutsches Literaturarchiv, Bild-Abteilung, Marbach: 48
Aus: Alfred Andersch: Deutsche Literatur in der Entscheidung. Ein Beitrag zur Analyse der literarischen Situation. Karlsruhe (Verlag Volk und Welt) 1948: 49
Süddeutscher Verlag, Bilderdienst, München: 74
Foto Hans Müller: 76 und Umschlagrückseite oben
Kaspar Heuser, Ebersberg: 80
akg-images / Renate von Mangoldt, Berlin: 122

Trotz sorgfältiger Recherchen konnten nicht alle Rechteinhaber ermittelt werden. Der Verlag ist bereit, berechtigte Ansprüche in üblicher Weise abzugelten.